LES CLIMATS DU MIDI DE LA FRANCE

LA CORSE

ET

LA STATION D'AJACCIO

MISSION SCIENTIFIQUE

AYANT POUR OBJET D'ÉTUDIER L'INFLUENCE DES CLIMATS

SUR LES AFFECTIONS CHRONIQUES DE LA POITRINE

Second rapport à S. Exc. le Ministre d'État

PAR LE DOCTEUR

PROSPER DE PIETRA SANTA

MÉDECIN PAR QUARTIER DE S. M. L'EMPEREUR.

PARIS

J. B. BAILLIÈRE ET FILS,

LIBRAIRES DE L'ACADÉMIE IMPÉRIALE DE MÉDECINE

Rue Hautefeuille, 19.

1864

LES CLIMATS DU MIDI DE LA FRANCE.

LA CORSE

ET

LA STATION D'AJACCIO

OUVRAGES DU MÊME AUTEUR

Les Climats du midi de la France. Mission scientifique ayant pour objet d'étudier leur influence sur les affections chroniques de la poitrine. Premier rapport à son Excellence le Ministre d'État. Paris, 1862. In-18.

Idées et principes qui doivent présider à l'étude des climats et de leur influence. Stations de Hyères, Cannes, Nice, Menton.

Influence des pays chauds sur la marche de la tuberculisation. Paris, 1857.

Mazas. Études sur l'emprisonnement cellulaire et la folie pénitentiaire. 3e édition. Paris, 1858.

De la médication lacto-chlorurée dans les affections de poitrine. Paris, 1860.

Du Climat d'Alger dans les affections chroniques de la poitrine. Rapport fait à la suite d'une mission médicale en Algérie, et présenté à son Excellence le Ministre de l'Algérie et des Colonies. 2e édition. Paris, 1860. In-8. (*Extrait des Annales d'Hygiène publique et de médecine légale.*)

Chemins de fer et santé publique. Hygiène des Voyageurs et des Employés. Paris, 1861. In-18 jésus, 314 pages.

Les Eaux-Bonnes (Basses-Pyrénées). Voyage, — Topographie, — Climatologie, — Hygiène des Valétudinaires, — Valeur thérapeutique des Eaux, Promenades, — Renseignements. Paris, 1862. In-18 avec 2 cartes.

De la non-existence de la colique de cuivre. Paris, 1858. (*Annales d'Hygiène publique et de médecine légale.*) 2e série, tome IX.

Existe-t-il une affection propre aux ouvriers en papiers peints qui manient le vert de Schweinfurt. Paris, 1858. (*Annales d'Hygiène publique et de médecine légale.*) 2e série, tome X.

Corbeil, typogr. et stér. de Crété.

LES CLIMATS DU MIDI DE LA FRANCE

LA CORSE

ET

LA STATION D'AJACCIO

MISSION SCIENTIFIQUE

AYANT POUR OBJET D'ÉTUDIER L'INFLUENCE DES CLIMATS

SUR LES AFFECTIONS CHRONIQUES DE LA POITRINE

Second rapport à S. Exc. le Ministre d'État

PAR LE DOCTEUR

PROSPER DE PIETRA SANTA

MÉDECIN PAR QUARTIER DE S. M. L'EMPEREUR.

PARIS

J. B. BAILLIÈRE ET FILS,

LIBRAIRES DE L'ACADÉMIE IMPÉRIALE DE MÉDECINE

Rue Hautefeuille, 19.

1864

1863

DEUXIÈME RAPPORT

A SON EXCELLENCE LE MINISTRE D'ÉTAT.

Monsieur le Ministre,

Ma première pensée, en vous communiquant mon rapport sur l'influence des climats du midi de la France dans les affections chroniques de la poitrine, avait été de transmettre à Votre Excellence l'expression des sentiments de sympathie et de gratitude qui de toute part encourageaient ma mission, et en consacraient ainsi l'importance ; mon premier devoir, en venant vous rendre compte de ces nouvelles études, doit être de constater l'accueil qui a été fait à mes idées et aux conclusions auxquelles j'étais arrivé. Il ne s'agit nullement d'obéir à un sentiment d'amour-propre ; le but à atteindre est plus élevé, car il faut déterminer la véritable et la seule portée de ces investigations et de ces études.

Be or not to be (être ou ne pas être), voilà toujours l'alternative qui se dresse devant les climatologistes de toutes ces contrées.

Si j'ai rapporté fidèlement leurs pensées, si j'ai rendu

consciencieusement leurs aspirations, mon travail mérite d'être pris en considération ; si je me suis mépris et sur leurs communications et sur les résultats de leur pratique, il est inutile de stationner plus longtemps sur cette voie difficultueuse et sans issues.

II

Dès le début de ma mission, j'avais eu le regret de reconnaître que le programme tracé par l'Académie impériale de médecine n'était pas immédiatement réalisable, car il n'existe pas actuellement, dans les stations du Midi, d'observations météorologiques précises et comparables, et l'on ne trouve nulle part un système de vérification de décès analogue à celui qui fonctionne si utilement à Paris.

Ces circonstances m'amenaient à dire : si la solution scientifique du problème ne peut être que l'œuvre du temps, après l'installation préalable d'observatoires complets (1), et le fonctionnement de statistiques régulières (2), il faudra pour le moment s'en tenir à des

(1) Le savant directeur de l'Observatoire de Paris veut bien s'occuper de la rédaction de l'instruction générale qui deviendra, sans conteste, la loi de toutes les observations météorologiques. Les administrations locales s'empresseront d'acheter les instruments qui seront reconnus nécessaires, et les climatologistes se feront un devoir de se conformer au programme si impatiemment attendu de M. Leverrier. MM. les maires et MM. les médecins m'en ont donné l'assurance formelle.

(2) L'idée de la création des médecins inspecteurs des stations

résultats approximatifs, et profiter des renseignements recueillis auprès des praticiens les plus distingués.

« Ces notions ne constituent pas la science, mais elles la précèdent et la dirigent. »

III

Permettez-moi, M. le Ministre, de rappeler tout d'abord l'énoncé des cinq formules au développement desquelles j'ai déjà consacré les détails les plus circonstanciés :

A. Reconnaître l'heureuse disposition des côtes de la Méditerranée ;

B. Établir une distinction entre le séjour de la zone du littoral attenante immédiatement à la mer, et la zone

hibernales n'a pas fait beaucoup de progrès au ministère de l'agriculture et du commerce.

Je crains que l'on ne se préoccupe trop d'inconvénients inhérents à la nature seule des inspections thermales ; si la haute intelligence de M. le Ministre pouvait consacrer quelques instants à l'examen de cette question, elle serait immanquablement frappée des avantages particuliers de la création que je sollicite, et qui se résument dans ces propositions :

Plus de garanties aux malades par un service sérieux de la médecine ;

Possibilité de recueillir les documents relatifs à la météorologie, à la statistique, aux épidémies ;

Surveillance locale des principes de l'hygiène publique dans une application mieux entendue ;

Communauté d'idées plus suivie avec l'Académie impériale de médecine et le Comité consultatif d'hygiène.

des collines s'étendant à quelques kilomètres au delà du rivage dans l'intérieur des terres ;

C. Coordonner les idées résultant d'une part de l'examen de l'état pathologique ; de l'autre, de la connaissance de la station d'hiver : adapter en un mot chaque catégorie de malades à chacune des deux zones indiquées, et dans le choix de celles-ci, se diriger selon les particularités elles-mêmes de l'affection ;

D. Se rendre de bonne heure dans le Midi, afin de prévenir le mal dans ses premières manifestations, et de l'arrêter dans ses évolutions successives ;

E. Constater la régularité et la constance de température de toutes ces localités, pendant la période de temps comprise entre dix heures du matin et trois à quatre heures du soir (*Journée médicale*).

Les conseils que je donnais aux malades, aux médecins, aux administrations locales, n'étaient que les corollaires de ces principes nettement et simplement formulés.

IV

Comment a été accueilli mon rapport par l'Académie impériale, par la presse et les confrères, et par la Société de médecine de Marseille? C'est ce que je vais examiner successivement et d'une manière très-sommaire.

Voici les conclusions présentées à l'approbation de

l'assemblée, par M. le docteur Barth, au nom de la Commission, composée de MM. Louis Regnauld et Barth (1).

« En résumé, il résulte du rapport de M. de Pietra-Santa, dont nous venons de tracer une exacte analyse, que l'auteur, parti de Paris le 1er février 1862, a, dans l'espace de quelques mois, visité non-seulement les stations d'Hyères, Cannes, Nice et Menton, mais encore une suite d'autres localités du littoral de la Méditerranée jusqu'à Livourne et Pise.

« Dans ce court espace de temps, il n'a pu recueillir de documents nouveaux et plus précis que ceux qui sont consignés dans la science, et il se borne à signaler les avantages incontestés du séjour des phthisiques dans les pays méridionaux pendant l'hiver ;

« A proclamer l'utilité de faire cette émigration le plus tôt possible, dès les premières apparitions du mal ;

« A subdiviser ces stations en celles du littoral même et celles des collines, les premières plus favorables aux cas de phthisie avec prédominance lymphatique, les secondes plus appropriées aux tubercules avec éréthisme ;

« A insister sur l'importance de limiter la journée du malade à cette période comprise entre dix heures du matin et quatre heures du soir ;

« A émettre le vœu qu'il soit fourni de nouvelles instructions, formulées par l'Institut ou par l'Observa-

(1) *Bulletin de l'Académie impériale de Médecine.* Paris, 1862, t. XVII, p. 103 et suiv.

toire de Paris, sur les meilleures conditions dans lesquelles doivent être faites les observations météorologiques ;

« A demander des instruments précis, contrôlés et comparés avec ceux de l'Observatoire ;

« Et à proposer la création de *Médecins-Inspecteurs* des stations du midi de la France, qui seraient spécialement investis de la mission de faire les relevés concernant les conditions météorologiques, de solliciter des municipalités les statistiques mortuaires et de correspondre avec l'Académie et le Comité consultatif d'hygiène.

« Après cette analyse, l'Académie est à même de formuler avec connaissance de cause l'avis qui lui est demandé, et votre Commission vous propose de répondre à M. le Ministre d'État, que le rapport de M. de Pietra-Santa contient des appréciations pratiques d'une utilité incontestée ; qu'il signale des améliorations locales matérielles dont la réalisation ne peut avoir, pour les malades et pour ces localités elles-mêmes, que des résultats avantageux; qu'il émet des vœux sur lesquels l'Académie n'est point appelée à se prononcer ; et que ce premier travail laisse à désirer des relevés statistiques nouveaux, capables de faire mieux apprécier les avantages comparatifs des stations d'Hyères, Cannes, Nice et Menton, quant à leur influence sur les affections chroniques de la poitrine. »

Le point capital de ces conclusions, le plus important parce qu'il est le plus utile dans l'application, parce qu'il répond complétement au but que je désirais atteindre, c'est la constatation par l'illustre aréopage : « que mon rapport contient des appréciations pratiques d'une utilité incontestée. »

J'avais dit à la page 37 de mon travail :

« Il s'agit moins de constater des découvertes que de vulgariser des notions reconnues efficaces par la grande majorité des hommes les plus autorisés. »

Et à la page 39 :

« Ma préoccupation constante, au milieu de ces difficiles recherches, a été de pouvoir atteindre et signaler dès à présent un but pratique, utile, immédiat. »

J'ai aussi la satisfaction d'avoir pu signaler dans les diverses stations « des améliorations matérielles aussi efficaces pour les malades que pour les localités. »

J'aurais vivement désiré voir adopter, par la Commission, les vœux que j'ai émis au sujet des observatoires météorologiques et des médecins-inspecteurs.

Cette organisation aurait hâté le moment où l'on pourrait apporter à la tribune académique des faits bien constants de guérisons.

Dans l'état actuel des choses, quel est le médecin qui a pu suivre les évolutions successives de la maladie, et tenir compte de l'action des agents thérapeutiques, contribuant, en dehors du climat, à l'amendement de l'affection ?

L'impossibilité de présenter des idées immédiatement pratiques, corroborées de chiffres et de statistiques, contrôlées par des diagnostics précis, m'a déterminé à m'écarter un peu du programme, pour appeler, dès aujourd'hui, l'attention publique sur des études d'un intérêt général, pour vulgariser des notions reconnues efficaces, pour formuler des conseils utiles et vrais.

Au lieu de m'appuyer sur des statistiques plus ou moins fidèles, j'ai invoqué le *consensus omnium*.

Au lieu d'insister sur les détails d'observations d'une authenticité équivoque, j'ai mis en relief ce grand fait de l'émigration devenant propriétaire, et s'installant, à poste fixe, dans les stations où elle avait retrouvé la santé et la vie.

V

Toutefois, les réserves de l'Académie devaient impressionner mon esprit et m'imposer l'obligation de me recueillir de nouveau dans le silence de l'étude, pour interroger ensuite, d'une façon plus précise, les modestes et savants confrères qui m'avaient éclairé de leurs lumières. Ces circonstances ont modifié mon itinéraire; et, avant de me rendre dans les Pyrénées, alors même que Votre Excellence me conviait, avec tant de bienveillance, à continuer mes investigations, j'ai voulu revoir et parcourir les principales localités que j'avais visitées l'an dernier.

J'éprouve une bien douce satisfaction à vous annoncer, M. le Ministre, que les villes d'Hyères, de Cannes, de Nice, de Menton, ont adopté de la manière la plus absolue les observations et les conseils que j'avais consignés dans mon rapport supplémentaire.

Les administrations locales se sont fait un plaisir d'encourager la publication de mon travail, et de le conserver comme un programme à suivre *dans les améliorations qu'il s'agira d'introduire, pour la plus grande satisfaction des valétudinaires et la prospérité mieux entendue de chaque station d'hiver.*

Quant aux praticiens, ils ont reconnu dans les idées capitales de mes études, leurs pensées et leurs aspirations, et s'ils m'ont laissé le mérite de les formuler d'une manière précise et scientifique, je leur reconnais celui de leur application journalière.

L'existence, sur tout le littoral méditerranéen, des deux catégories de climats correspondant chacun à une forme déterminée de la maladie, voilà donc le principe fécond en conséquences des plus heureuses et des mieux constatées (1).

(1) M. le docteur Farina, auteur d'un intéressant *Essai climatologique sur Menton*, publié sous les auspices de M. Gavini, préfet des Alpes-Maritimes, très-bienveillant pour tous ces travaux, s'exprime en ces termes :

« Je crois que la division proposée par le docteur de Pietra-Santa, et l'application qu'il en fait aux différentes formes des maladies de la poitrine, sont fort justes et basées sur de consciencieuses observations cliniques.

« Je dois ajouter qu'elle coïncide parfaitement avec mes vues pratiques, et qu'elle correspond, du reste, à la marche des maladies lentes de la poitrine dans notre pays.

« Dans les conseils que cet honoré confrère donne aux valétudinaires, il se conforme en tout point à mes prescriptions.

« Il est nécessaire que les malades changent de climat dès le commencement de leurs affections, et, après avoir choisi celui qui

VI

Je dois nécessairement passer ici sous silence les articles intéressants publiés dans les *Revues* scientifiques et dans les journaux politiques, par les écrivains les plus recommandables (L. Figuier, — Grimaud de Caux, — l'abbé Moigno, — Léopold Amat, — Amédée Latour, — Berigny, de Versailles, — Henri de Parville, — docteur Bottini, — Victor Borie, etc.), ainsi que la volumineuse correspondance toujours sympathique de MM. les Préfets, Maires, Médecins et Valétudinaires de toutes les classes sociales.

J'appellerai volontiers votre attention sur un rapport demandé par la Société de médecine de Marseille à l'un de ses membres les plus compétents. Mes confrères de la cité phocéenne étaient très à même, par leur voisinage des stations d'hiver, et par leurs relations de tous les jours avec l'émigration, de juger de l'utilité et de la raison d'être de mes distinctions et de mes conseils.

Voici quelques passages du travail de M. le docteur Bourgarel, point de départ d'une discussion très-instructive, qui a mis en relief et consacré l'importance des conclusions :

pourra mieux leur convenir, ne se contentent pas d'y faire un séjour de quelques mois, mais bien d'y demeurer jusqu'à la guérison radicale. »

« Il ne m'appartient pas de discuter l'utilité des créations proposées, mais quel que soit le moyen mis en œuvre, n'est-il pas permis de se demander si le but pourra être atteint, c'est-à-dire si, au bout d'un certain nombre d'années, grâce à une grande exactitude dans les relevés statistiques et les observations météorologiques, nous serons bien fixés sur la valeur relative des stations de nos côtes, et si nous saurons laquelle mérite la préférence dans tel ou tel cas?

« Ce qu'il importe de connaître, ce n'est pas le nombre des morts, mais de ceux qui partent à la fin de l'hiver, et, ce qui est plus difficile, la durée de la guérison ou de l'amélioration obtenue.

« Quant aux observations météorologiques, pensez-vous qu'elles amènent à constater des différences bien notables?

« Le fait le plus important, fait bien établi par l'auteur du travail dont j'ai l'honneur de vous rendre compte, est celui-ci :

« Sur toute la côte, dans les bonnes expositions, la température est régulière et constante dans la période comprise entre dix heures du matin et trois ou quatre heures du soir.

« En résumé, dit M. Bourgarel :

« Je louerai la prudence dont l'auteur a fait preuve en évitant de se laisser aller à un enthousiasme trop prompt pour quelqu'une des localités qu'il a visitées, et à un jugement précipité qu'il eût peut-être regretté plus tard.

« C'est un doux spectacle pour nos cœurs provençaux que de voir un homme compétent proclamer l'excellence de notre ciel, et de tous les séjours parcourus par lui n'en préférer aucun, parce qu'il les aime tous. »

VII

Après vous avoir indiqué, M. le Ministre, le mouvement d'idées qui s'est manifesté à l'Académie de Médecine et dans la presse, à l'occasion de mon premier rapport, je devrais, descendant de la théorie à l'application, aborder avec confiance l'étude d'un climat peu connu, mais très-digne de l'être, je veux dire le climat d'Ajaccio.

Toutefois, il m'a paru nécessaire de la faire précéder de deux chapitres qui en formeront pour ainsi dire la préface, tout en complétant ce deuxième rapport.

Dans le premier, je signalerai la tendance des travaux publiés en dernier lieu sur la climatologie.

Dans le second, je constaterai l'influence réelle de l'atmosphère maritime sur les affections chroniques de la poitrine.

VIII

ÉTAT ACTUEL DE LA CLIMATOLOGIE.

Les publications récentes relatives à la climatologie sont aussi nombreuses que variées : dans l'impossibilité de pouvoir les mentionner toutes, je m'occuperai du travail qui résume le mieux les notions acquises à la science jusqu'à ce jour : *Le climat d'Égypte, par le docteur Schnepp, médecin sanitaire à Alexandrie* (1).

Je me propose de l'analyser avec attention, en me plaçant au point de vue de la thèse que je soutiens, afin de mieux en déterminer l'importance.

Voici d'abord la réponse de notre honorable confrère à ces deux questions :

Quelle est la meilleure méthode à consacrer à ces études ?

Quelles sont les dispositions d'esprit qu'il faut y apporter?

« Cette question si simple du choix d'un climat, que tout médecin breveté, ou même non breveté, résout si aisément en présence d'un malade, est cependant assez complexe, et même, après avoir parcouru un grand nombre de pays, après avoir étudié comparativement les

(1) L'ouvrage, dédié à S. A. I. le prince Napoléon, est publié sous le haut patronage de notre illustre collègue et maître, le professeur Rayer.

conditions climatériques des localités les plus vantées et les plus recherchées, nous nous trouvons encore embarrassé pour conclure, et nous sommes forcé de nous recueillir avant de nous prononcer.

« Nous déclarons très-humblement, après bien des hésitations, que nous ne possédons actuellement que des documents climatériques très-incomplets, et encore ceux-ci sont-ils limités seulement à un très-petit nombre de points du globe ; d'un autre côté, la géographie médicale, née à peine d'hier, ne saurait, malgré les données importantes qu'elle a cependant colligées déjà sur quelques zones terrestres, préciser davantage, quant à présent du moins, la distribution des maladies sur notre planète. Il faudrait le concours de bien des dévouements, pour élucider une foule de questions graves qui ont été posées en partie, quoiqu'il y en ait beaucoup d'autres qui ne soient pas même formulées. »

Après avoir rappelé les conditions que le père de la médecine impose à un médecin instruit qui veut se fixer dans une localité, M. Schnepp ajoute :

« Nous avons été frappé de ce que les connaissances du médecin sont trop souvent exclusivement médicales, et de ce que celles du climatologiste ne s'étendent pas assez aux lois de la science biologique. Aux œuvres de climatologie générale ou même spéciale ne peuvent plus concourir les récits de ces voyageurs qui ne font que traverser les pays. Un climatologiste, suivant nous, doit être fixé à demeure, pendant une époque plus ou moins grande, dans la localité même dont il veut étudier le climat ; c'est à lui seul qu'incombe le soin d'en parler.

« Pour formuler complétement notre pensée, nous dirons que la climatologie est une de ces sciences qui ne peuvent progresser que par l'association des travailleurs.

« Nous ajouterions aussi très-volontiers, s'il était besoin de stimuler ces travailleurs, que, conformément aux principes hippocratiques, le médecin qui se dévoue ainsi aux intérêts de la science et à ceux de l'humanité sert en même temps *aussi* ses propres intérêts. »

Cette argumentation n'est-elle pas de nature à confirmer mes vues au sujet de la création des médecins-inspecteurs des stations d'hiver ?

Abordant un autre ordre d'idées, notre savant confrère formule les conseils qu'il croit être les plus opportuns, pour déterminer l'action des divers éléments constitutifs des climats sur l'homme à l'état physiologique. Je transcris littéralement ces paragraphes :

« Avant de discuter les avantages de tel climat pour une affection déterminée, en se basant sur les données plus ou moins vagues de la température, de la pression et de l'humidité de l'air, nous croyons devoir insister sur le degré d'influence que peuvent exercer sur les fonctions normales de l'économie vivante la chaleur humide ou sèche, un froid vif, un ciel brumeux ou serein, la direction des vents prédominants, les variations modérées ou brusques de la pesanteur et de la température de l'air.

« C'est faute de s'être entendu sur ces causes nombreuses de modifications climatériques qu'une foule d'écrits sont restés discordants.

« L'un accorde la préférence à une station montagneuse dont il est l'oracle, l'autre loue les avantages d'un port de mer dont il voudrait garnir la plage déserte ; celui-ci vante une cité qui éblouit par les beautés de la nature, celui-là admire tout dans un lieu célèbre, où la mode se donne rendez-vous et que la fortune favorise.

« Partout, quand on va au fond des choses, quand on se donne la peine de rechercher les motifs sérieux qui recommandent aux malades le choix d'un séjour d'hiver plutôt qu'un autre, quand on se demande pourquoi on doit accorder à un climat la préférence sur un autre, on ne trouve que déceptions et découragement.

« La climatologie médicale exacte et précise, basée sur des chiffres, est une science née à peine d'hier ; elle a fait toutefois des acquisitions d'une certaine valeur, que de nouvelles acquisitions viendront augmenter peu à peu. »

Au premier abord, il y a pour le travailleur quelque chose de décourageant dans l'exposition de ces *desiderata*.

M. Schnepp énumère des difficultés réelles, puis, au lieu d'en atténuer les inconvénients, il en exagère la portée. Comment un esprit aussi distingué ne s'est-il pas aperçu que chaque climatologiste, au moment de se prononcer sur l'influence d'une localité, a fait dans son for intérieur le travail analytique qu'il préconise; chacun s'est demandé préalablement l'influence des divers éléments de l'atmosphère sur l'homme sain. Ce n'est qu'après avoir connu les détails, les éléments, que l'on peut s'élever par la synthèse à la connaissance des lois d'ensemble, des rapports généraux, des déductions, des conséquences.

Les reproches que M. Schnepp adresse à ses confrères ne sont pas mérités; nouveau lui-même dans ces études, il multiplie outre mesure ces difficultés qu'il signale avec tant de vivacité; peut-être même, dans son cabinet d'Alexandrie, n'a-t-il pas eu à sa disposition tous les ouvrages publiés sur la matière?

Quoi qu'il en soit, si l'on voulait juger son livre d'après les préceptes et les conditions qu'il exige pour les autres, l'on arriverait de toute nécessité à la négation, et son étude n'aurait pas de raison d'être.

Les conclusions de M. le docteur Schnepp sont aussi désespérantes que les prémisses :

« En nous basant, dit-il, d'une part, sur les conditions climatériques de l'Égypte, de l'autre sur les données de l'observation pathologique, nous formulons et posons en principe cette proposition :

« Dès que votre malade montre des signes non équivoques de la tuberculose, gardez-vous de l'envoyer en Égypte. »

Je ne puis pas plus admettre cette proscription absolue pour l'Égypte, que M. Schnepp n'admet l'enthousiasme intéressé pour telle ou telle station.

Il y a évidemment des distinctions à établir, des circonstances atténuantes à mettre en relief.

Si M. Schnepp avait pu consulter mon rapport sur le climat d'Alger, rédigé d'après les instructions du Comité d'hygiène publique, présidé par M. Rayer, il aurait vu comment on pouvait atténuer les inconvénients, et arriver toutefois à des notions exactes et par-dessus tout pratiques. Si le savant médecin sanitaire s'était préalablement livré à l'étude de l'influence du climat sur les diverses phases de la maladie, il serait forcément arrivé à la constatation des faits que j'ai signalés en Algérie, que d'autres avaient entrevus avant moi.

En thèse générale, les pays chauds, envisagés dans leur ensemble, exercent une influence fâcheuse sur la marche de la tuberculisation, ils en accélèrent le cours; mais ce sont surtout les pays qui sont situés sous la zone torride qui jouissent de cette triste prérogative. A mesure que l'on se rapproche de la zone tempérée, il s'opère une modification pathologique dans l'élément morbide; la maladie marche moins vite à Alger que sous l'équateur, l'évolution de ses diverses phases est moins rapide (1).

(1) Voici les conclusions auxquelles m'avait conduit une étude attentive et raisonnée de la question :

« L'heureuse influence du climat d'Alger est très-appréciable dans les cas où il s'agit, soit de conjurer les prédispositions, soit de combattre les symptômes qui constituent le premier degré de la phthisie.

« Cette influence est contestable dans le deuxième degré de la tuberculose, alors surtout que les symptômes généraux prédominent sur les lésions locales.

Se passe-t-il quelque chose d'analogue en Égypte? Y a-t-il quelque modification relative aux diverses phases de l'affection pulmonaire ? M. Schnepp ne nous le dit pas.

Il proscrit un pays en bloc; c'est à peine s'il le conseille aux valétudinaires dont la constitution a été détériorée par les maladies, les excès de travail et autres, et qui, sans lésion apparente, ont besoin de trouver dans le milieu ambiant une température douce, supplémentaire de celle que leur économie est capable de produire.

La phthisie sévit en Égypte dans la population indigène; elle fait des ravages effrayants parmi les étrangers; mais n'existe-t-il pas une période où cette influence du climat pourrait être salutaire? Dans quel ordre se succèdent en Égypte les phénomènes morbides que j'ai signalés à Alger? Dans quel ordre se manifestent les effets thérapeutiques ou réparateurs du climat? Voilà ce qu'il importait surtout d'établir.

Arrivant ensuite à l'étude des zones dans leurs rapports avec les diverses formes de la maladie, il aurait été utile de rechercher l'influence d'un séjour prolongé sur le Nil, dans ces habitations flottantes qui se déplacent, non pas précisément au gré des vents, mais d'après la connaissance des conditions locales de température et d'hygrométrie (1).

« Elle est fatale au troisième degré, dès qu'apparaissent les phénomènes de ramollissement et de désorganisation. »

(1) « Vous voguez librement, sans soucis sérieux, sur ce magni-

Les arguments tirés du *consensus omnium* et de l'émigration devenant propriétaire, n'ont pas attiré l'attention de M. Schnepp.

Ils ont cependant une grande valeur dans cette nature de recherches.

Je recommanderai à mon tour ces *desiderata* à mon distingué confrère; s'il méditait mes objections, il se persuaderait aussi qu'en accusant l'enthousiasme irréfléchi des autres, il s'expose lui-même au reproche d'avoir obéi à des impulsions nostalgiques.

Le pessimisme ne vaut ni plus ni mieux que l'optimisme !

Je n'ai insisté sur ces détails et sur ces critiques, M. le Ministre, que pour mieux faire ressortir la direction nouvelle que mes travaux tendent à donner à l'étude de la climatologie.

J'obéis à une conviction profonde, et je suis d'autant plus porté à croire mes idées bonnes et pratiques, qu'elles frappent par leur simplicité les esprits les plus prévenus; qu'elles sont plus facilement assimilées ; qu'elles inspirent à chacun cette réflexion involontaire : — « C'est très-juste, mais nous nous doutions de tout cela ! »

fique fleuve, dans une atmosphère d'une indicible pureté, avec un soleil presque constant.

« Que si les soirées sont fraîches, si les matinées sont voilées par quelque peu de brouillards, il est facile de se garantir de ces inconvénients, et les jours suivants se passent paisiblement pendant cette longue navigation, qu'interrompt souvent l'admiration pour les merveilles encore debout de l'ancien monde pharaonique. »

(Docteur WILLEMIN.)

IX

L'ATMOSPHÈRE MARITIME.

Des critiques, d'ailleurs bienveillants, m'ayant reproché de ne pas avoir fait précéder mes réflexions sur la distinction des zones climatologiques d'une étude préliminaire sur l'influence de l'atmosphère maritime, je vais m'efforcer de combler aujourd'hui cette lacune, en abordant franchement le problème.

L'air de la mer est-il pernicieux ou utile?

Que de dissertations sur ce sujet! que de travaux contradictoires, pour ne pas avoir établi de justes distinctions, pour ne pas avoir déterminé les principes d'une application intelligente!

L'activité, la puissance thérapeutique de la brise maritime dans certaines affections chroniques de l'organisme est des plus incontestables; mais, arme à deux tranchants, elle se montre utile ou nuisible, selon les cas où elle est indiquée convenablement ou mal à propos, car souveraine pour la forme torpide, elle est désastreuse pour la forme éréthique.

Vous le voyez, M. le Ministre, nous retrouvons toujours le même ordre d'idées, mais c'est cette circonstance même qui en détermine toute la valeur.

Pénétrons plus avant au cœur de la question.

Quels sont les avantages réels, incontestés, des pays

situés sur les bords de la mer et dans les régions tempérées de notre Europe ?

Ils peuvent se résumer ainsi :

1° Température plus modérée, plus uniforme de l'atmosphère ambiante ;

2° Pression atmosphérique constamment forte ; maintenant, toutes choses égales d'ailleurs, un équilibre plus stable dans les fonctions du poumon ;

3° Oscillations barométriques, thermométriques et hygrométriques se faisant avec les amplitudes les plus minimes.

Maintenant, quelles sont les conditions spéciales de l'air que l'on respire au bord de la mer ?

Ce sont :

1° Sa pureté plus considérable. — Il n'est pas chargé de miasmes, il est constamment renouvelé par les courants qui, à heure fixe, se produisent sous les noms de brise de mer, de brise de terre.

2° Sa plus grande oxygénation. — A volume égal, sous une pression atmosphérique plus constante, l'air contient une proportion plus élevée d'oxygène, c'est-à-dire d'air vital (*pabulum vitæ.*)

3° Son odeur particulière. — Elle est due aux plantes marines qui couvrent le rivage ; ces plantes sont chargées de brôme et d'iode, éléments reconnus utiles dans les affections strumeuses de toute sorte.

4° Sa composition spéciale. — Il est imprégné de sel marin. Ces légers dépôts proviennent des particules d'eau de mer qui, soulevées par le sillage, puis entraînées par le vent, alors que la vague se brise sur les rochers de la rive, se vaporisent insensiblement à la surface des corps extérieurs, en y déposant des cristaux de chlorure de sodium ; ces particules imperceptibles sont transportées quelquefois par la brume à la distance de quelques kilomètres.

Les détails qui précèdent, établissant sans conteste la nécessité de connaître, au moment de l'indication de l'atmosphère maritime, la nature des divers tempéraments, je ne m'y arrêterai pas davantage ; j'aime mieux résoudre la question suivante :

Sur quelles opinions, sur quels faits s'appuie la croyance de l'utilité du sel (chlorure de sodium) dans la phthisie ? (à forme torpide, lymphatique ou scrofuleuse, bien entendu ; car lorsque MM. Requin et Rochard invoquent l'influence fâcheuse des particules salines, qui, pénétrant avec l'air dans les ramifications bronchiques, portent l'irritation sur ces muqueuses si délicates, je dois penser qu'ils ont surtout en vue les formes éréthiques avec subinflammation et irritabilité nerveuse excessive).

Les expériences les plus authentiques ont été faites et se font tous les jours sur les animaux.

En Algérie, les Israélites donnent une plus grande quantité de sel aux moutons, afin d'arrêter chez eux les premières manifestations des productions accidentelles. Lorsque le sacrificateur a tué l'animal, au moyen d'un couteau tranchant qui va de la gorge à la colonne vertébrale, il s'assure de l'intégrité des viscères, et il rejette comme impurs les moutons dans le thorax desquels existent des points indurés, des adhérences ou des tubercules.

De temps immémorial, les bergers et les agriculteurs font un usage journalier de sel pour les bestiaux, et tout le monde connaît les résultats satisfaisants que les prairies situées le long de la mer exercent sur la qualité des chairs des moutons (gigots dits prés salés) qui parquent et grandissent sur ces landes.

Il résulte d'observations précises et répétées que les vaches qui trouvent dans les prairies de Loch Lomen en Écosse, des pierres de sel gemme dont elles sont très-friandes, échappent aux atteintes de cette terrible affection (la phthisie) qui fait tant et de si profonds ravages dans les étables de Paris et des grandes villes.

L'heureuse influence du sel chez l'homme n'est pas moins réelle. Le docteur Carron attribue la rareté de la phthisie en Suisse, à la coutume des habitants de donner beaucoup de sel marin aux vaches. Le docteur Miguères m'avait fait observer à Alger que l'usage moins régulier, dans la population indigène, d'une nourriture où prédominait le sel (saumon, thon, sardines, morue), avait coïncidé avec une augmentation des affections de poitrine.

Les docteurs Filippi et Galligo m'ont communiqué des documents recueillis à Livourne et à Florence, tendant à démontrer l'immunité de la phthisie chez la population israélite de ces deux villes, malgré les mauvaises conditions hygiéniques de leur installation, et par le fait d'une nourriture animale plus substantielle et rendue plus épicée par des lavages successifs de la viande dans de l'eau salée, afin d'enlever aux chairs les dernières traces de sang.

L'Écriture sainte a dit : « Ne mangez pas le sang. »

La thérapeutique s'était emparée depuis longtemps de cet agent précieux. J'ai trouvé dans les vers de l'école de Salerne une formule qui préconise le mélange de sel, d'eau et de sucre (1).

M. le docteur A. Latour a publié les excellents résultats qu'il a retirés du lait produit par des chèvres qui ont été soumises préalablement à l'usage méthodique du sel. MM. Bérut et Labourdette se sont emparés de l'idée pour la généraliser. Ils ont soumis, l'un et l'autre, des vaches et des chèvres à une nourriture particulière, à un entraînement spécial, qui leur a permis de ne pas diminuer la sécrétion du lait, tout en le conservant imprégné de l'agent médicamenteux.

Dans mon service des Madelonnettes, j'enregistre tous les jours des faits bien authentiques d'amendements, d'améliorations dues à l'influence de la diète lactée (lait additionné d'une cuillerée de sirop de chlorure de sodium, représentant trois à quatre grammes de sel).

En dehors de cette méthode, Russell et, après lui, le docteur Pollet ont employé avec succès l'eau de mer dans la phthisie ; Beddves et le docteur Willemin, les mets salés.

Loin de moi la pensée d'énumérer ici les opinions des auteurs qui se sont inscrits en faveur de l'efficacité

(1) *L'école de Salerne*, traduction en vers français, par Ch. Meaux Saint-Marc, avec le texte latin en regard. Paris, 1861, pages 232-233.

de l'air marin ! L'expérience des siècles l'a consacrée de la manière la plus formelle. Hippocrate, Arétée, Aristote, Pline, Galien, tous les médecins de l'ancienne Rome conseillaient aux poitrinaires le séjour sur les bords de la mer. Plus près de nous, Stokes, Williams, Grans, Hufeland, Percival, Reid, Smith, Clark, Laennec, citent des faits qui militent en faveur de cette doctrine. Parmi les médecins de nos jours, je citerai avec plaisir les docteurs Parola, Castellani, Bottini, Macario, Willemin, Schnepp, la phalange d'élite des médecins militaires qui ont habité l'Algérie.

Telle était la croyance la plus généralement admise, croyance basée sur l'expérience du passé, sur l'observation du présent, lorsque l'un de nos confrères les plus distingués de la médecine navale, le professeur Rochard, est venu déployer hardiment la bannière de la réaction et, la statistique à la main, résoudre négativement la question de prix que l'Académie impériale de médecine avait posée en ces termes :

« Déterminer par des faits précis l'influence de la navigation et des pays chauds sur la marche de la phthisie pulmonaire. »

Dans son mémoire, le docteur Jules Rochard déroule une longue série de faits, de tableaux statistiques qui forment la base des convictions les plus décourageantes (1).

Pour lui, les jeunes gens à poitrine faible, manifestement prédisposés à la phthisie, qui arrivent dans les ports

(1) *Mémoires de l'Académie impériale de médecine.* Paris, 1856, tome XX, pages 75 et suivantes.

imbus des idées de Laennec, sont tous, ou presque tous, voués à une mort certaine, s'ils tentent les hasards et les fatigues de la mer. A bord des navires, la phthisie marche plus rapidement qu'à terre, et les hôpitaux des ports, les infirmeries des escadres sont encombrés de phthisiques qui viennent expirer là misérablement, loin de la famille, fatales et innocentes victimes de la mer, des climats, d'une funeste erreur médicale.

« Il faut de fortes poitrines pour aspirer impunément cet air tonique, vivifiant, chargé d'humidité, imprégné de vapeurs salines et irritantes ; pour résiter aux brusques changements de température, aux orages et aux tempêtes. »

Les statistiques de M. Jules Rochard sont aussi implacables pour la question de l'émigration vers les pays chauds. « Il n'est pas besoin d'arracher ces malheureux phthisiques à un milieu qui leur est hostile, à des habitudes invétérées qui entretiennent le mal et le rendent irrémédiable ; il faut leur laisser traîner leur précaire existence sur le sol natal, sur un sol qui, fût-il couvert des brouillards glacés du nord, vaudrait encore mieux que la chaleur dévorante des tropiques (1). »

(1) Voici, du reste, les principales conclusions du Mémoire couronné de M. Jules Rochard :

1° Les voyages sur mer accélèrent la marche de la tuberculisation pulmonaire beaucoup plus souvent qu'ils ne la ralentissent.

2° Cette maladie, loin d'être rare parmi les marins, est au contraire beaucoup plus fréquente chez eux que dans l'armée de terre.

3° La phthisie marche à bord des navires avec plus de rapidité qu'à terre.

6° Les pays chauds, envisagés dans leur ensemble, exercent une

Il y a dans le travail de M. Jules Rochard trois questions à examiner : l'influence de la navigation, — celle de l'atmosphère marine, — et celle de l'émigration dans les pays chauds.

Lorsque Laennec préconisait les voyages sur mer, il s'appuyait sur l'opinion des chirurgiens de la marine, qui avaient constaté dans des cas spéciaux d'affections pulmonaires, un amendement et un commencement de guérison.

Il tenait compte aussi des idées de Boerhaave, de Cullen, de Grégory, qui recommandaient la navigation comme un exercice modéré (*æqualis, moderata et continua*).

Pour déterminer cette influence, au lieu de l'étudier sur des marins, c'est-à-dire sur des individus placés et par leur genre de vie et par les nécessités du métier, dans les conditions hygiéniques les plus défavorables, il aurait fallu la suivre sur des voyageurs libres, naviguant précisément dans le but d'améliorer leur santé.

Afin d'élucider la question, il était indispensable d'avoir, à côté de ces marins à l'existence remplie d'excès de tous genres, des jeunes gens enlevés aux veilles et aux fatigues des grandes villes.

M. Jules Rochard ne se rapproche-t-il pas de ces idées dans cet aveu ?

influence fâcheuse sur la marche de la tuberculisation pulmonaire, et en accélèrent le cours.

9° C'est dans la première période de la phthisie qu'il y a lieu de conseiller l'émigration, et qu'on est en droit d'en attendre de bons résultats.

« Le tuberculeux ne pourrait retirer des fruits de la navigation, qu'en se plaçant à bord dans des conditions hygiéniques spéciales, qu'en changeant de climat et de localité au gré des saisons et des vicissitudes atmosphériques. »

C'est là précisément le terrain sur lequel il fallait se poser pour étudier l'influence thérapeutique de la navigation. Dans ces circonstances, M. Jules Rochard aurait reconnu avec nous tous « que ce n'est pas la mer qui est funeste aux marins phthisiques, mais bien leur genre de vie. »

M. Jules Rochard se place aussi dans de mauvaises conditions, quand il cherche l'action bienfaisante de l'air marin, alors qu'il est respiré sur des bâtiments toujours suspects d'encombrement, en l'absence de toute précaution hygiénique. (Passage instantané de l'intérieur du navire, c'est-à-dire d'un milieu où règne un air confiné, vicié, chaud et humide, au pont où s'agite un air pur et renouvelé, où se succèdent le froid, les vents, la pluie et les tempêtes.)

Aussi le rédacteur en chef de la *Gazette hebdomadaire de médecine et de chirurgie*, en ouvrant ses colonnes au mémoire couronné, l'a-t-il accompagné de la profession de foi suivante :

« Nous ne pouvons consentir à déposer devant une armée de chiffres, une conviction fondée sur des faits positifs et rigoureusement observés.

« Les relevés de M. Jules Rochard ont le défaut de substituer à une question particulière, simple, une question générale et tellement complexe, que le fait à éclaircir ne peut plus être dégagé. »

Sur la question de l'émigration, il faut encore établir des distinctions, car en préconisant les climats chauds, le médecin a particulièrement en vue les pays tempérés de notre Europe. Personne ne songe à envoyer ses malades sous les tropiques.

Voici du reste de sages réflexions du professeur Forget.

« Vous avez pris vos sujets d'observation et de statistique parmi de pauvres soldats ou de malheureux marins obligés à faire faction ou à travailler rudement sous un soleil vertical, et voilà ce que vous nous donnez comme preuve de l'influence pernicieuse sur les phthisiques ! »

Je ne me suis étendu aussi longuement sur le mémoire de M. le docteur Jules Rochard, que parce qu'il a eu, au moment de sa publication, un très-grand et légitime retentissement.

M. le docteur P. Garnier, qui a voulu le combattre sur le terrain même des statistiques officielles de la mortalité dans les hôpitaux maritimes, est arrivé aux conclusions suivantes :

1° L'influence de l'atmosphère maritime sur la tuberculisation, ne s'exerce pas uniformément partout où elle règne ; elle varie suivant les conditions climatériques du pays et des lieux.

2° Elle est très-manifeste dans les hôpitaux maritimes de Toulon, de Madère, et dans plusieurs lieux situés sur la Méditerranée.

3° Elle est nulle dans les autres hôpitaux maritimes de France.

Chargé par l'Académie de médecine de lui rendre compte du précédent travail, M. le docteur Blache, avec un langage clair, précis, élevé, s'est efforcé de maintenir la question dans les régions de l'application pratique (1).

Il en a appelé des chiffres à l'observation clinique, des statisticiens aux médecins.

Je ne puis résister au plaisir d'emprunter quelques paragraphes à ce remarquable et très-intéressant rapport.

« Une observation minutieuse, active, l'œil toujours ouvert sur le mobile théâtre de la vie, serait donc seule capable de nous donner ce qui nous manque, ce qu'on n'obtiendra jamais par la statistique, c'est-à-dire non-seulement les phénomènes, mais les rapports qui existent entre eux et leurs causes, leur évolution, leur pathogénie, le mode, le degré, la mesure des modifications que leur ont fait subir tels ou tels agents hygiéniques d'une nature déterminée.

« Aussi, à une époque comme la nôtre, où les voyages s'exécutent avec tant de facilité et si rapidement, où les moyens de transport réunissent toutes les conditions d'un confortable qui ira sans cesse en s'améliorant, il n'est pas permis de croire que les puissants modificateurs hygiéniques que présentent la navigation et l'émigration resteront stériles ou nuisibles.

(1) *Bulletin de l'Académie impériale de médecine.* Paris, 1861, tome XXVI, page 1284 et suivantes.

« L'hygiène est susceptible en quelque sorte d'une perfectibilité indéfinie. Elle a marché jusqu'ici à pas de géant...

« Et la phthisie pulmonaire, cette terrible maladie qui décime l'espèce humaine, qui n'est cependant pas radicalement et fatalement incurable, comme certaines diathèses, ne trouverait pas, à défaut de médicaments d'une efficacité toujours contestable, dans l'air, dans l'eau ou la terre, au vaste sein de la nature, des agents assez actifs pour la prévenir, l'arrêter ou du moins ralentir sa marche si cruellement progressive ! ! ! Nous ne le pouvons croire. Qu'au lieu de dresser des statistiques, on crée une science de l'émigration, si je puis ainsi dire, un art des voyages et de l'acclimatation ! »

Tout commentaire détruirait l'effet de ces belles paroles ; elles formulent avec bonheur un programme que, pour ma part, je m'efforcerai toujours de réaliser.

PREMIÈRE PARTIE

STATION D'AJACCIO.

CHAPITRE Ier.

CLIMATOLOGIE.

> Ah ! docteur, où est le beau ciel de la Corse ? Je jouis encore de ses sites, de ses montagnes. Je reconnais l'odeur qu'elle exhale !
>
> (*Napoléon à Sainte-Hélène.*)

Je me propose de démontrer que le climat de la ville d'Ajaccio possède les conditions les plus favorables pour constituer l'une des plus délicieuses stations d'hiver du midi de la France.

Ce climat tempéré, intermédiaire entre ceux de la Provence et celui d'Alger, rentre naturellement dans la catégorie des climats marins, jouissant comme eux de la plus grande uniformité et de la plus grande égalité de température.

La position topographique de la ville détermine sa classification dans le groupe des zones maritimes, où l'air est tonique, sec et stimulant.

La possibilité d'utiliser l'hiver les eaux sulfurées sodiques de la Caldaniccia, et la faculté de séjourner pendant l'été au milieu de collines à la végétation fraîche et luxuriante, forment en outre des circonstances très-appréciables, pour déterminer dans leurs préférences ces nombreuses caravanes d'êtres souffrants qui quittent souvent la patrie avec les plus tristes pensées.

J'espère atteindre mon but, en passant en revue, dans une exposition simple et précise, toutes les questions qui se rattachent à la climatologie générale et à la pathologie spéciale du pays.

Mes publications antérieures m'ayant appris qu'en pareille occurrence il fallait intéresser tout à la fois le le médecin et le malade, l'homme de science et l'homme du monde, je m'efforcerai :

1° De donner au premier tous les renseignements qui peuvent lui permettre de juger, par lui-même, de la valeur thérapeutique du climat en question;

2° D'éclairer le second par des conseils pratiques et les règles hygiéniques les plus opportunes.

Sachant aussi, par expérience, combien le valétudinaire s'intéresse à tout ce qui l'entoure, dans le pays où il recouvre le bien-être et la santé, je consacrerai quelques chapitres à l'histoire et à la géographie de la Corse.

La tâche que je m'impose est très-lourde, mais je compte sur la bienveillance de mes lecteurs, car je leur apporte, avec le désir ardent de bien faire, la ferme volonté de réussir.

On donne le nom de climat à l'ensemble des conditions physiques qui résultent, pour les différentes régions du globe, de leur situation respective à la surface de la terre, et qui sont de nature à exercer une influence spéciale sur les êtres organisés (1).

Pour de Humboldt, l'expression de climat désigne, dans son sens le plus général, toute variation de l'atmosphère qui affecte sensiblement nos organes, la température, l'humidité, les oscillations du baromètre, le calme de l'air ou la direction variée des vents, le degré de la tension électrique, la pureté de l'air ou son mélange avec des exhalations gazeuses plus ou moins nuisibles, enfin, le degré de diaphanéité et de sérénité du ciel, qui a une influence non-seulement sur le rayonnement variable du sol, sur la végétation des plantes et sur la maturité des fruits, mais aussi sur les sensations et la disposition psychique de l'homme.

Nous voyons dans ce programme complet figurer trois éléments primordiaux se combinant entre eux, et constituant cet ensemble de forces qui s'exercent sur la race humaine, c'est-à-dire :

A. Le sol dans les différences de sa constitution ;

B. Les eaux dans les conditions de leur existence ;

C. L'air dans toutes les modifications qu'il subit.

C'est de ces notions exactes, qu'Hippocrate a tiré la division qu'il a établie dans l'étude de ces phénomènes

(1) De Saussure, de Humboldt, Arago, Clark et Zimmermann, tels sont les illustres savants qui ont donné la première impulsion aux études climatologiques.

(l'air, les eaux, les lieux) : division qui s'est conservée toujours vraie à travers des siècles d'observation (1).

A. LE SOL.

> Les lieux comprennent la forme du territoire, son orientation, sa composition géologique, les caractères de sa végétation.
>
> (HIPPOCRATE.)

La ville d'Ajaccio, chef-lieu du département de la Corse, située par

41° 55′ 1″ de latitude N.,

6° 23′ 49″ de longitude E.,

tirerait son nom, d'après le vieux chroniqueur Jean della Grossa, d'Ajax, fils de Télamon, l'un des héros de la guerre de Troie.

Elle figurait sur la carte de Ptolémée sous le nom d'Urcinium (2).

(1) Avant d'aborder l'étude de chacun de ces trois chapitres, il est bon de faire observer que la nature des climats est aussi déterminée par des éléments constitutifs fixes (latitude, longitude, altitude, exposition topographique, nature du sol), et par des éléments variables (température, état hygrométrique, pression atmosphérique, direction des vents, ozone, phénomènes électriques).

(2) L'emplacement d'Urcinium était à la distance de deux kilomètres de la ville actuelle, dans l'intervalle qui sépare la chapelle de Sainte-Lucie de la colline de Castelvecchio sur laquelle se voient les débris d'une forteresse.

C'est vers la fin du quinzième siècle que la ville actuelle fut portée, sur la pointe avancée dans la mer où elle s'étale si coquette-

Elle est bâtie sur une pointe de terre qui s'avance dans la mer ; la ville est assise au pied de la montagne formant une longue façade sur ce golfe, l'une des plus magnifiques créations de la nature, qui s'ouvre sur la Méditerranée, en face de l'Espagne, sur le chemin de l'Algérie.

Tous les voyageurs s'accordent à dire qu'il rappelle, par la lumière, le ciel, la forme générale et l'ensemble des lignes, les merveilles de la baie de Naples.

Plus profond que large, rempli de pointes et d'anses, le golfe a plus de 50 kilomètres de tour : « Nulle part en Italie, disait Ottavi, la lumière ne verse sur l'horizon des teintes plus magnifiques ; nulle part les vaisseaux ne trouvent une bienvenue plus invitante que sur ces eaux, si brillantes par une belle matinée, le jour mollement assoupies, et constellées la nuit des étoiles du ciel. »

Un amphithéâtre circulaire de montagnes granitiques et élevées, aux lignes sévères, borne son horizon : on y arrive par une succession de collines gracieusement étagées, de la plage sablonneuse que le flot nivelle, aux sommets abrupts qui gardent dans leurs ravins des neiges éternelles.

ment aujourd'hui. J'ai trouvé dans les archives de Saint-Georges à Gênes un document portant que Paolo, frère du doge André Centurione de Pietra Santa, avait été envoyé en 1501 comme commissaire général de la République (*vicario*), avec la recommandation expresse d'imprimer la plus vive impulsion à la reconstruction du préside d'Ajaccio, presque complétement détruit dans le cours des guerres intestines qui avaient ensanglanté la Corse.

DE PIETRA SANTA.

Il faut, par la pensée, se reporter au souvenir des lacs splendides de la haute Italie pour se faire une idée de ces spectacles de la nature toujours variés et toujours nouveaux, qui jettent l'âme dans les douces émotions du calme et de la rêverie. Et qui ne connaît l'influence précieuse que la beauté et la variété des lieux exercent sur le valétudinaire ? Car, dans toutes les affections chroniques où l'organe s'altère lentement et sans secousses apparentes, l'esprit est disposé à la mélancolie. Il importe alors que la régularité et la satisfaction de la vie extérieure réagissent d'une manière heureuse et favorable sur la vie intérieure, en éloignant toutes sortes de préoccupations.

Cette position topographique de la ville d'Ajaccio nous la montre, d'abord abritée des vents du nord, jouissant des bénéfices des brises de mer et de terre, qui s'établissent successivement, de son sol échauffé par les rayons du soleil, à la surface des flots moutonnant sous les zéphyrs.

La nature constitutive du sol forme un élément important et digne de considération dans l'étude d'un climat; car, si un sol sablonneux ou crayeux permet la prompte absorption de l'eau de pluie et convient davantage aux natures débiles, un sol argileux, traversé avec difficulté, maintient à la surface une humidité nuisible même pour l'homme qui se porte bien.

Pour mieux comprendre cette question, il ne sera pas inutile de demander quelques commentaires à la géologie.

Cette science, qui nous montre en action la puissance créatrice de Dieu, nous révèle les transformations diverses que la terre a subies pour arriver de son état primitif à son état présent, et nous fixe pour ainsi dire l'ordre chronologique dans lequel ces révolutions ont eu lieu. — Plus n'est besoin, pour expliquer la formation de ce qui existe, d'invoquer des révolutions générales de la terre, des cataclysmes continuels du globe. La considération des fossiles, et l'hypothèse de l'incandescence des parties centrales du globe, rendent compte de tous les phénomènes.

Nous voyons, en effet, l'œuvre de la création se perfectionner sans cesse entre les mains de son divin auteur; au sinistre chaos succède un globe encore incandescent qui se modèle en formes régulières et se refroidit assez pour donner accès à la vie organique; sa brûlante surface, d'abord rugueuse et nue, se couvre peu à peu et se décore d'arbustes et de forêts.

Les continents et les mers prennent leurs limites définitives, et la terre revêt son aspect actuel de magnificence (1)!

Pendant toutes les périodes géologiques, quatre phénomènes principaux ont continuellement marché de

(1) Quelles sont les causes qui ont produit les reliefs actuels du globe et réparti diversement sur sa surface, les continents et les eaux?

La cause primordiale, c'est le refroidissement de la terre et la solidification progressive de ses parties internes encore liquides.

La deuxième, qui a contribué à former de vastes terrains, réside dans les dépôts sédimentaires des eaux, qui ont pour résultat de créer de nouveaux continents sur les bassins des mers anciennes.

front : le soulèvement de la croûte du globe; l'émission de matières ignées; l'émergence des eaux thermo-minérales, et la production des dépôts sédimentaires.

Ces notions justifient la division en trois groupes des matières minérales constituant notre globe (1).

Que l'on ne considère pas toutes ces distinctions comme étrangères au sujet, car il est très-important de déterminer parfaitement la nature et les conditions du terrain de la station d'hiver.

J'ai signalé les différences selon le plus ou moins d'humidité; je vais faire connaître les différences au point de vue du pouvoir absorbant de la chaleur.

Ce pouvoir diffère d'après la nature et la couleur du sol.

M. Becquerel a déterminé par des calculs exacts qu'en représentant ce pouvoir par 100 pour un sable calcaire, il n'était plus que de 96 pour un siliceux, de 74 pour une terre crayeuse, de 68 pour une argileuse, de 64 pour le terreau des jardins.

Aux modifications du pouvoir absorbant de la chaleur, viennent se rattacher celles du rayonnement calorifique de la surface terrestre.

(1) 1° Terrains cristallisés (partie de la croûte terrestre primitivement liquide par suite de la chaleur du globe, et solidifiée par son refroidissement);

2° Terrains sédimentaires (provenant des débris divers transportés par les eaux, et surtout des dépôts de matières terreuses, silice, magnésie, chaux, que des sources thermales ont déversées de l'intérieur du globe dans le sein des mers).

3° Terrains éruptifs (formés à toutes les époques géologiques par l'éruption ou l'injection à travers tous les terrains de la matière liqui occupe les parties intérieures du globe).

Cet élément est aussi utile à connaître dans la classification d'un climat, que celui qui se rapporte à la latitude.

Dans une des dernières séances de l'Académie des Sciences, M. Becquerel a fait ressortir toute son importance; il a montré qu'à latitude égale, deux pays ont des climats différents, selon qu'ils sont situés près de la mer ou dans l'intérieur des terres. — Sur les côtes de Glenarn, au N.-E. de l'Irlande, latitude 54° 56, le myrte végète avec la même force qu'en Portugal, en hiver, pendant que le raisin n'y mûrit pas l'été. Sur les côtes du Devonshire, des orangers en espalier portent du fruit qui atteint une parfaite maturité.

Je reviendrai sur le rayonnement terrestre à l'article Température; pour le moment, je le signale dans ses rapports avec la nature du sol, et sans craindre de me répéter, j'établis que :

Les sols siliceux, calcaires, argileux, chargés d'humus, s'échauffent plus ou moins vite, selon qu'ils sont secs ou humides.

Les sols siliceux et calcaires possèdent, en outre, la plus grande faculté de retenir la chaleur, en raison d'une moindre conductibilité, et conservent en été, pendant la nuit, une température élevée.

L'humus, qui n'a pas le même pouvoir émissif, se refroidit promptement.

Donc, il faut toujours avoir égard aux influences locales.

Pour ce qui concerne la campagne et les environs

d'Ajaccio, j'y constate les conditions les plus favorables au point de vue de la santé.

Le sol est généralement calcaire, recouvert d'une couche d'humus fécondant; ce n'est que dans la plaine de Campo-di-l'Oro que l'on retrouve des terrains sédimentaires. Les plages sablonneuses du golfe ont une influence d'autant plus heureuse, que la vie organique végétale ou animale n'y trouve aucun aliment.

La superficie, en hectares, du canton d'Ajaccio, est de 8520,92.

En la divisant en trois catégories :

Terrains cultivés,

Terrains incultes, mais cultivables,

Terrains non susceptibles de culture,

M. Robiquet avait établi de la manière suivante leur superficie relative :

Terrains cultivés.		Incultes mais cultivables.	Non susceptibles de culture.	
En Oliviers.	24 (1).			
Vignes.	526	87		
Bois.	237		Eaux. . .	577
Grains.	929	6887	Rochers. .	696
Prés.	37			
	1753	6974		1273

Ces chiffres sont sensiblement modifiés aujourd'hui;

(1) Son unité c'est le nombre de dix dix-millièmes de la superficie totale du territoire de chaque canton (pour connaître le nombre absolu d'hectares que ces superficies relatives représentent, il faudrait les multiplier par la superficie totale du canton auquel elles appartiennent). D'après ce calcul le chiffre 24 représente 26 hectares d'oliviers, 526 équivaut à 448 hectares de vignes, etc.

les défrichements se sont multipliés, et les terrains plus ou moins marécageux ont été assainis et transformés.

Comme les plantes sont l'expression la plus directe de la constitution élémentaire du sol, combinée avec l'action modificatrice de l'air ambiant, elles doivent permettre d'apprécier l'état du climat et son influence probable sur des êtres plus élevés dans l'échelle (1).

Cette influence de la végétation est des plus incontestables ; les contrées dénudées sont plus sèches et plus chaudes que celles où les bois abondent ; et la pluie, presque inconnue en Égypte, est devenue moins rare, depuis que de grandes plantations y ont été faites.

Les arbres sont en outre de puissants auxiliaires de la salubrité ; d'une part, ils ont la vertu spéciale d'aspirer l'humidité ; de l'autre, pourvus de feuilles et frappés par le soleil, ils restituent à l'atmosphère l'oxygène qu'elle a perdu.

La campagne des environs d'Ajaccio est aussi agréable que pittoresque ; sa flore se trouve intermédiaire entre celle d'Alger et celle de la Provence.

(1) Les productions du sol sont étroitement liées à la nature des habitants : les conditions de leur acclimatement sont communes, et une admirable harmonie s'établit entre l'homme et les plantes qui l'entourent.

Par leur nature et leur nombre, elles caractérisent les divers climats ; par leur situation, elles modifient les phénomènes météorologiques eux-mêmes ; par leurs propriétés alimentaires, elles agissent sur la constitution de l'homme.

De Humboldt a parfaitement établi les rapports qui existent entre la physionomie des flores des diverses contrées et les climats auxquels elles correspondent.

L'air est sain parce qu'il y est saturé de certaines exhalaisons végétales, et les plantes prospèrent parce qu'elles respirent un air favorable à la végétation.

Cette réaction réciproque, qui constitue la loi de l'harmonie des mondes, fait concorder la multiplicité des plantes avec la fécondité du terrain ; et n'est-ce pas prouver la salubrité du climat d'Ajaccio que de montrer l'épanouissement des produits des contrées les plus diverses ? N'est-ce pas constater la douceur du ciel que d'indiquer la présence de certaines plantes des tropiques ?

Parmi les plantes tropicales qui s'y développent rapidement sans atteindre parfois une entière maturité, je citerai le palmier, l'ananas, le bananier, la canne à sucre, le coton, le tabac.

Les orangers et les citroniers, avec toutes leurs variétés, sont cultivés en plein champ, sans autre protection que la douceur de l'air.

Ces arbres, qui charment nos sens, la vue, le goût et l'odorat, offrent souvent à la fois et la fleur et le fruit.

Les mandarines se multiplient à vue d'œil, et les cédrats entrent déjà dans le commerce pour une exportation assez considérable.

La *morfea* (1), cette maladie qui décime en Provence et en Sicile des plantations entières de bosquets odoriférants, n'existe qu'isolément sur quelques arbres.

(1) Poussière noire, formée par des myriades d'insectes, qui rabougrit la feuille, dessèche le fruit et rend le bois stérile.

L'olivier, aux origines glorieuses (parce qu'il produit l'une des substances les plus utiles à la vie domestique), se développe lentement sur la hauteur des collines, mais il atteint des dimensions considérables; sa production est inconstante (1). — Il n'y a pas d'exemple que l'olivier ait été gelé.

Les figuiers, les amandiers, les pêchers, les pruniers, les caroubiers, donnent les fruits les plus variés et les plus savoureux.

Les coteaux sont couverts de vignobles renommés : le raisin *brustiana* rivalise avec les chasselas de Fontainebleau.

Les céréales (blé, orge, maïs) fournissent un rendement notable.

Dans les plantes aromatiques se rencontrent le cyste, la lavande, le genêt, la menthe sauvage, le thym.

La végétation arborescente est constituée en grande partie par le myrte, l'arbousier, le lentisque.

Le laurier-rose et le laurier noble acquièrent des dimensions imposantes.

C'est aussi d'après les familles d'animaux répandus sur une contrée que l'homme apprécie tout d'abord et *à priori* les avantages qu'il peut trouver dans un pays.

Ce criterium sert plus encore de guide aux climatologistes qu'aux naturalistes et aux philosophes.

(1) Au moment des chaleurs de l'été de la Saint-Martin (novembre), il se manifeste un petit ver blanchâtre qui s'introduit dans la pulpe du fruit et le fait tomber à moitié détruit.

On trouve ici les individus propres aux pays tempérés.

D'après Robiquet, on comptait en 1825, dans l'arrondissement d'Ajaccio :

25,580 têtes de l'espèce bovine; 209,420 de bêtes à laine.

Les chevaux sont d'une petite espèce, mais ils tiennent de la race arabe par les formes, la vivacité et la sobriété.

Il n'existe pas d'animaux féroces; parmi les animaux sauvages, pas de loups, beaucoup de sangliers et peu de renards.

La chasse est partout abondante; indépendamment des oiseaux de passage (hirondelles, cailles, merles et grives), on rencontre en abondance le lièvre et la perdrix rouge.

B. LES EAUX.

Les eaux formant l'une des données les plus importantes dans les conditions hygiéniques d'une localité (1),

(1) Ces trois choses, l'air, les lieux, les eaux, renferment tous les éléments de la question des climats.

Mais quelle action l'homme peut-il avoir sur ces trois éléments?

1° L'homme n'a pas d'action sur l'air, car en principe il ne peut changer en rien la constitution générale de son atmosphère.

2° S'il a plus d'action sur les lieux, en faisant circuler plus librement l'air dans les quartiers agrandis et transformés, sa puissance sur les modifications de la salubrité qui en résulte est limitée.

3° L'homme a toute influence sur son eau : il est toujours le maître de la choisir, car il peut s'établir là où cet élément lui est offert dans de bonnes conditions par la nature. (Grimaud de Caux.)

je vais procéder à l'étude attentive des trois états, sous lesquels elles se présentent :

α. Mer qui baigne les rivages;

β. Sources et cours d'eaux qui alimentent la ville;

δ. Vapeurs répandues dans l'atmosphère, et se résolvant en pluie.

α. Cette magnifique nappe d'eau aux couleurs d'azur, qui s'étale sur les gracieux contours du golfe méditerranéen, influe d'une manière sensible sur le climat de la ville.

C'est elle qui envoie la bienfaisante brise de mer qui se lève vers dix heures du matin, et qui tempère si notablement la chaleur du jour.

C'est vers elle que s'établit, après le coucher du soleil, la brise de terre, ce courant qui se précipite de la surface des collines échauffées.

Quelles admirables conditions pour le renouvellement instantané et continu de l'air que l'on respire, air tour à tour imprégné des senteurs des algues marines, ou des parfums des fleurs de citronniers et d'orangers !

On sait que la composition chimique de l'eau de la Méditerranée diffère un peu de celle de l'Océan.

Elle contient une plus grande quantité de chlorures de sodium et de magnésium, sans parler de quelques bromures alcalins qui lui seraient propres.

Les différences de température qu'elle présente avec l'air ambiant ne sont pas considérables, et les oscillations thermométriques très-peu étendues.

β. Le golfe reçoit les eaux de deux vallées principales, situées dans les montagnes, en face de la ville, la vallée de Prunelli au sud, et la vallée de la Gravona au nord.

Les deux torrents qui donnent leur nom aux contrées qu'ils traversent, jaillissent de la même montagne, le Monte Renoso, et viennent mêler leurs eaux douces et claires à celles de la mer, sur la même plage de Campo di l'Oro : la Gravona, non loin du fort d'Aspretto, après un parcours de 38 kilomètres; le Prunelli, près de la tour de Capitello. La Gravona n'a que des ruisseaux pour tributaires. Dans son parcours de 42 kilomètres, le Prunelli reçoit un torrent important, le Zipetoli, à la partie supérieure de la plaine de Campo di l'Oro, il s'adjoint à un bras assez considérable de la Gravona, et ainsi réunis, ils coulent paisiblement à travers l'étang de l'Enfer.

Les autres ruisseaux qui viennent se déverser dans le golfe, pendant l'hiver et l'automne, sont le Tofanato, l'Agosto, l'Albitrone, le Forcone et le Scudo.

Depuis longtemps il a été question d'amener à Ajaccio les eaux de la Gravona par un canal de dérivation (1); mais c'est en dernier lieu, et après beaucoup de vicissitudes, que le projet patronné par l'Empereur a été étudié, discuté, approuvé par le conseil d'État, consacré par un décret du 31 décembre 1862, qui fixe la dépense totale à 930,000 francs.

(1) Par ordre exprès de l'empereur Napoléon Ier une somme de 1,500 francs avait été mise sur le budget de 1805 à la disposition de M. l'Ingénieur Dupeyrat pour étudier un projet d'alimentation de la ville, au moyen d'une prise d'eau dans ce torrent.

Le canal destiné à la fois à l'arrosage des campagnes environnantes, et à l'alimentation de la ville, aura une longueur de 18 kilomètres.

Il pourra amener en ville un volume de 34 litres par seconde, ce qui correspond à 200 litres par jour et par habitant.

La ville d'Ajaccio, pendant les premières années de ce siècle, n'était alimentée que par de grands puits de construction génoise, et par une citerne de la capacité de 2 millions de litres.

A l'époque de la première campagne d'Italie, le général Bonaparte s'était déjà préoccupé de la nécessité de doter sa ville natale d'eaux publiques de bonne qualité (1).

Il poursuivit à travers mille atermoiements sa bienfaisante pensée, et le 1er novembre 1807, il signa le décret portant à l'article 15 : « Les eaux de Canneto seront conduites dans la ville et dans la citadelle à nos frais (2). »

(1) J'adopte avec plaisir cette heureuse expression de M. Grimaud de Caux ; elle est plus générale et plus significative que celle employée jusqu'à ce jour d'eaux potables.

(2) La correspondance de Napoléon Ier fournit des preuves multipliées de cette sollicitude.

En 1801, il écrit au commissaire général Miot :

« Une loi va autoriser la commune d'Ajaccio à vendre une partie de ses biens pour se procurer de l'eau. »

En 1802, il invite le ministre Chaptal :

« A destiner également 50,000 francs par mois pour continuer les travaux commencés pour faire venir de bonnes eaux à Ajaccio. »

« Mon intention, mande-t-il à Berthier vers 1803, est de fournir des eaux à Ajaccio; les habitants et les troupes sont exposés à en

Les sources amenées à Ajaccio, en vertu de cette puissante initiative, sourdent dans la montagne de Pozzo di Borgo; assez nombreuses, elles prennent les noms des bassins générateurs, Tombababo, Favale, Annunziata, Alzone, Canneto.

Afin de remédier aux pertes d'eaux, aux infiltrations pluviales, à l'introduction des racines des plantes voisines dans les conduites, on les a canalisées en tuyaux de tôle bitumée, dont les joints peu nombreux sont étanches et imperméables.

Comme l'appauvrissement des sources est en rapport direct avec le déboisement de leurs bassins, l'administration des ponts et chaussées, toujours paternelle et bienveillante, a enclos et ensemencé en pins maritimes 49 hectares de terrains.

Prises au point d'émergence, ces eaux sont de bonne qualité; malheureusement leur débit n'est pas considérable, il diminue très-sensiblement en été : au mois de septembre 1862, il descendait à 66 litres par minute, soit environ 7 litres par jour et par habitant.

Toutes ces sources, quel que soit leur volume, arrivent à un château d'eau, situé sur la montagne de Canneto, où s'opère la répartition entre les différents services et les divers genres de besoins de la population (grands

manquer l'été, ou à en boire de mauvaises; au lieu de 700 conduites en terre, il faut en envoyer 8 à 10,000. »

Il termine ainsi sa lettre du 11 mars 1805 au général Morand : « Faites finir les quais et le canal d'Ajaccio. »

Enfin, le 31 mai 1805, par une missive datée de Milan, il demande à Crétet un mémoire sur les travaux publics de la Corse.

réservoirs contenant 4,000,000 de litres, derrière la caserne Saint-François; fontaines de Canneto, de la rue Sainte-Catherine, du chemin de ceinture; robinets de la Caserne; Fontaine de la place du Marché.)

Quelles sont les conditions que l'hygiène demande aux eaux destinées à l'alimentation de l'homme?

Une brillante discussion s'est élevée à l'Académie de médecine, à l'occasion d'un rapport du docteur Poggiale; au milieu d'opinions divergentes, il s'est trouvé des principes admis par tous les orateurs, à savoir :

Une eau potable de bonne qualité, doit remplir la triple condition d'être agréable à boire, propre à la préparation des aliments et au savonnage.

La qualité dépend de la composition chimique et des propriétés physiques.

Une bonne eau doit être claire et limpide, tempérée en été, fraîche en hiver, sans odeur ni saveur, neutre, c'est-à-dire complétement inerte, n'incrustant ni les conduites qu'elle parcourt, ni les vases qui la renferment. Son degré hydrotimétrique ne dépassera pas 25°. Convenablement aérée, elle tiendra en dissolution 20 à 22 centimètres cubes d'azote, 9 à 10 centimètres cubes d'oxygène, 20 à 25 centimètres cubes d'acide carbonique, par litre. Il faut ensuite qu'elle ne contienne que des traces de matières organiques.

Les eaux de Canneto, examinées à la source, répondent parfaitement au programme que je viens d'énoncer; les inconvénients signalés autrefois, inconvénients qui dépendaient de conduites et d'aménagements imparfaits, disparaissent insensiblement, grâce aux soins assidus des ingénieurs chargés du service hydraulique.

L'introduction dans les ménages de filtres ordinaires formerait le complément de ces améliorations.

La classe aisée fait un fréquent usage d'eau puisée aux sources de Lisa et du Salario, que des femmes transportent en ville dans de grands vases de verre (*dames-jeannes*) recouverts de paille et de feuillage. Ces eaux sont excessivement légères, très-agréables à boire et très-diurétiques.

Il n'est pas nécessaire de discuter la question de savoir s'il faut donner aux eaux de source la préférence sur celles de rivière; les conclusions du rapport de M. Poggiale (1) établissent clairement, que si la limpidité des eaux de source jointe à l'uniformité de leur température milite en leur faveur, et même leur assure la préférence, il faut cependant reconnaître que les eaux de rivière sont plus pures, plus aérées, plus riches en sels et plus digestibles; malheureusement leur filtration en grand présente d'énormes difficultés.

Si donc les habitants d'Ajaccio trouvent dans les sources de Canneto les éléments d'une boisson hygiénique (2), ils réserveront pour les besoins urbains, agricoles, industriels et de propreté domestique,

(1) *Bulletin de l'Académie impériale de Médecine*, t. XXVIII.

(2) Il faut n'affirmer qu'une eau est propre aux usages hygiéniques, qu'après s'être assuré par une enquête, que ceux qui en boivent n'éprouvent aucun inconvénient de son usage, et que leur constitution et leur santé n'en ont reçu aucune modification fâcheuse. (*Annuaire des Eaux de France*, 1851.)

les eaux plus ou moins torrentielles de la Gravona.

L'importance des pluies est d'autant plus marquée dans la détermination d'un climat, qu'elles impriment à l'atmosphère des qualités particulières en rapport avec leurs caractères, et qu'elles modifient par là le fonctionnement physiologique de l'organisme. Si les averses d'été répandent autour de nous une douce fraîcheur, les pluies froides de l'automne impressionnent désagréablement le système cutané.

En réfléchissant à la formation des nuages chargés de pluies, on se rend compte de la rareté relative de cet hydrométéore en Corse (1).

Les vapeurs que le soleil enlève aux étendues de l'Atlantique, condensées sous la forme de nuages dans les parties hautes de l'atmosphère, traversent le détroit de Gibraltar, et sont jetées par les vents d'ouest sur les premières terres qu'elles rencontrent.

Par suite de la position de l'île, comme point isolé au milieu de la mer, il arrive que les vents violents chassent les nuages par-dessus les montagnes, et celles-ci n'offrent pas assez de surface pour les retenir au moment où ils vont se résoudre en pluie (2).

(1) La chaleur atmosphérique fait évaporer la partie la plus légère des amas d'eau répandus à la surface de la terre : lorsque viennent à se condenser les vapeurs qui résultent de cette espèce de distillation, elles se précipitent, retombent en gouttelettes, et sont ainsi restituées à la terre qui les avait fournies.

(2) En certaines années, il s'est écoulé jusqu'à huit mois sans une goutte de pluie, quoique la moyenne annuelle soit de 22 à 23 pouces, c'est-à-dire 2 pouces de plus qu'à Paris; mais l'inégale répartition de cette eau et son écoulement trop brusque, en diminuent beaucoup le bienfait.

Pour apprécier l'influence de la pluie sur le climat, il faut considérer le temps qu'elle met à tomber (temps qui varie dans la zone tempérée et dans les régions chaudes) et la quantité d'eau qui se répand à la surface de la terre. Ces deux termes sont dans un rapport inverse.

Voici un tableau indiquant le nombre de jours de pluie, pour une série de trois années. Les observations ont été recueillies avec beaucoup de soin par M. Dupeyrat, ingénieur en chef des ponts et chaussées : ses importants travaux seront toujours consultés avec plaisir par les climatologistes.

MOIS.	Pluie tout le jour.	Beau matin et soir, pluie dans le jour.	Beau le matin, pluie le soir.	Beau le soir, pluie le matin.	Couvert le jour, pluie.	Couvert le soir, pluie le matin.	Couvert le matin, pluie le soir.	Total des 3 années.	Moyenne annuelle.
Janvier........	3	0	1	4	0	3	9	20	6,5
Février......	6	0	2	2	0	1	4	15	5,0
Mars..........	5	1	1	2	0	3	2	14	4,6
Avril..........	2	0	3	4	0	3	4	16	5,2
Mai...........	0	1	2	2	1	2	4	12	4,0
Juin...........	0	0	0	3	1	2	1	7	2,3
Juillet.........	0	0	1	0	0	0	0	1	0,3
Août...........	1	0	0	2	0	1	0	4	1,3
Septembre.....	1	0	2	2	0	0	4	9	3,0
Octobre.......	3	0	1	1	0	5	7	17	5,6
Novembre.....	7	0	2	2	0	5	4	20	6,6
Décembre......	3	0	0	1	0	2	5	11	3,7
TOTAL......	31	2	15	25	2	27	44	146	48

D'après les observations de M. Nosalowski, professeur de physique au collége Fesch, la moyenne générale des journées de pluie, du mois d'octobre au mois d'avril de chaque année (1854 à 1858), a été de dix jours.

En arrivant cet hiver à Ajaccio, j'ai commencé par installer dans une chambre au troisième étage, du collége Fesch, à l'exposition convenable du nord, un petit observatoire météorologique, muni d'instruments précis et variés, que j'avais eu soin de comparer d'avance avec ceux de l'Observatoire de Paris.

C'est M. le comte Bacciochi, qui, dans une pensée toute patriotique, a bien voulu me charger de l'acquisition desdits instruments, qu'il se propose de placer dans un pavillon spécial de son château des Cannes. En attendant, nous devons à l'obligeance de M. le professeur Charles Guérin la constatation précise d'observations météorologiques, recueillies, avec une assiduité digne de tous éloges, d'après le programme que je lui ai fourni. Du mois de février au mois de juin, le nombre de jours de pluie a été de 21 (13 en mars, 1 en avril, 7 en mai).

La quantité d'eau tombée est représentée par $140^{mm},50$ ($56^{mm},75$ en mars, $4^{mm},25$ en avril, $64^{mm},50$ en mai).

C. L'AIR.

> La météorologie et la botanique, si éloignées l'une de l'autre dans la hiérarchie des sciences, doivent être considérées comme deux sœurs dans l'harmonieux ensemble de la nature. (DE HUMBOLDT.)

On donne le nom d'atmosphère à la masse d'air qui entoure la terre de toute part, et dans laquelle s'agitent les êtres vivants répandus sur sa surface.

L'homme étant lié à cette atmosphère par des rapports nécessaires, non interrompus, il s'ensuit que les divers éléments qui la constituent doivent agir d'une manière immédiate sur l'organisme (1). Mais si la pureté de l'air lui est indispensable, alors qu'il est dans un état physiologique et normal, elle lui sera bien plus utile pendant les phases de la maladie.

Une atmosphère limpide, un ciel sans nuages, produisent une sensation très-sensible sur les dispositions individuelles, et exercent toujours sur nos fonctions une influence bienfaisante; rien ne peut se comparer à la gaieté et à la liberté d'esprit que donne au valétudinaire un beau jour de soleil. Autant une belle journée réjouit l'âme, autant la sérénité du ciel égaye le caractère et tonifie le corps, autant les nuages qui obscurcissent l'horizon, et la pluie qui l'inonde, portent au recueillement et à la tristesse.

(1) Ces principes sont constants (électricité, lumière, chaleur, etc.) ou accidentels (miasmes, émanations ou gaz délétères).

Ajaccio se distingue par l'admirable pureté de son atmosphère; l'éclatante couleur du ciel circonscrit par cette couronne de hautes montagnes, l'éblouissante splendeur de l'air qui se reflète dans ce vaste lac d'azur, rappellent les teintes vives et lumineuses des atmosphères équatoriales.

De Humboldt, pour prouver l'influence bienfaisante et l'action énergique de la lumière sur le corps, nous apprend qu'il n'avait trouvé que peu ou point de difformités chez les Caraïbes et les Indiens à la peau fortement colorée.

L'état de sérénité du ciel est de beaucoup le phénomène le plus constant à Ajaccio; les jours nuageux sont l'exception, et encore durent-ils rarement toute la journée, comme le démontre le tableau suivant :

ÉTAT DU CIEL

OBSERVÉ PENDANT TROIS ANNÉES PAR M. DUPEYRAT.

	Beau tout le jour.	Beau matin couvert le soir, et *vice versa*.	Couvert tout le jour.
Janvier	31	22	12
Février	24	25	17
Mars	35	26	11
Avril	31	23	13
Mai	25	18	7
Juin	40	14	5
Juillet	55	17	9
Août	49	17	5
Septembre	51	20	12
Octobre	21	32	24
Novembre	22	29	19
Décembre	25	26	19
	409	269	153
Moyenne de l'année.	136	89	51

OBSERVATIONS FAITES EN MARS, AVRIL ET MAI 1863, PAR M. CH. GUÉRIN.

Mars	9	12	10
Avril	20	7	3
Mai	14	9	7
Total	43	28	20

c'est-à-dire 43 fois beau sur 92 jours.

Ces résultats concordent avec les précédents.

TEMPÉRATURE.

La température d'un lieu, c'est la valeur numérique (exprimée en degrés de l'échelle thermométrique) de la quantité de chaleur contenue dans son atmosphère.

L'homme vit, prospère et se perpétue dans toutes les zones terrestres et sous toutes les latitudes, mais selon que l'impression que fait éprouver au corps humain la masse d'air qui l'environne est plus ou moins sensible, on dit que la température est plus ou moins élevée (1).

Cet élément météorologique domine nécessairement tous les autres dans la constitution des climats, car les mutations atmosphériques que déterminent ces périodi-

(1) Dans les pays chauds, le corps est bien plus sensible à ces modifications de température que les instruments les plus délicats de physique. A égale hauteur de la colonne thermométrique, on a plus froid en hiver sous la latitude des pays chauds que dans les zones tempérées, précisément à cause de la sérénité de l'air et de sa tension moindre. Les savants de l'expédition d'Égypte ont plus souffert du froid au Caire, le thermomètre étant à 5° au-dessus de zéro, qu'en Europe dans les zones tempérées, alors que la colonne thermométrique était à 6 et 7° au-dessous de zéro.

cités mensuelles, constituent dans leur succession la régularité des saisons.

Il importe donc de connaître d'une part le degré de chaleur de la station pendant les mois d'hiver, et d'autre part les variations que l'organisme doit subir, pour tenir compte de la discordance qui existe entre la température réelle et la sensation de froid éprouvée (1).

De là résulte la nécessité de déterminer en même temps la température moyenne d'une station (c'est-à-dire l'expression dernière représentée par un seul chiffre des influences thermométriques auxquelles elle est soumise), et les limites extrêmes de la température les maxima et les minima.

La première nous fera mieux apprécier les conditions de la journée médicale si utile aux valétudinaires.

Les autres nous expliqueront comment ces variations brusques et instantanées deviennent les causes immédiates de la plupart de nos infirmités (2).

Cette étude nous conduit à reconnaître à Ajaccio :

1° Deux saisons : l'une chaude et sèche, l'autre tempérée ;

(1) Il ne faut jamais perdre de vue que nous ne jugeons des influences de chaud et de froid, que par leurs relations avec les températures dont nous avons contracté l'habitude, et que, par conséquent, les témoignages de nos sens s'accordent rarement avec les indications fournies par les instruments.

(2) De toutes les conditions de l'air atmosphérique, nulle n'est aussi préjudiciable aux phthisiques que les vicissitudes continuelles de la température ; à n'importe quelle période, dans n'importe quelles circonstances, ce qui leur est avant tout nécessaire, c'est une température égale et uniforme.

2° Dans l'ensemble, un climat doux et tempéré quoique plus chaud, plus constant que celui des côtes de Provence;

3° Des vicissitudes atmosphériques à certains moments de la journée (lever de l'aurore et coucher du soleil);

4° Des abaissements de température, en rapport avec les conditions thermométriques de la journée et les oscillations de la colonne barométrique.

OBSERVATIONS THERMOMÉTRIQUES (MOYENNES).

AJACCIO. — 1809 A 1813. — M. DUPEYRAT, INGÉNIEUR EN CHEF.

THERMOMÈTRE RÉAUMUR.

	1810.	1811.	1812.	Les 3 années réunies.
Janvier	7,59	6,77	7,02	7,03
Février	7,20	9,76	9,50	8,33
Mars	10,87	10,18	9,14	9,96
Avril	10,90	13,13	12,39	11,77
Mai	15,33	15,57	14,64	15,18
Juin	16,03	19,27	17,97	17,95
Juillet	17,97	19,94	18,96	18,90
Août	17,47	19,31	19,47	18,83
Septembre	17,35	17,78	17,69	17,56
Octobre	14,93	15,54	14,28	14,75
Novembre	12,02	11,65	10,79	11,35
Décembre	8,64	4,48	7,79	8,43
Moyenne de l'année.	12,80	13,74	13,82	13,45

La moyenne 13,45 Réaumur correspondant à 16°,81 centig.

Dans ces trois années, la différence entre les plus grands maxima et les plus petits minima a été de 23° Réaumur ou 26°,30 centig.

OBSERVATIONS DE M. NOSADOWSKI

MOYENNES MENSUELLES

(Recueillies à l'angle de la rue de la Cathédrale et de la place Bonaparte.)

Série de 5 années (1854 à 1858).

	C°.
Janvier	10,25
Février	11,78
Mars	12,46
Avril	14,63
Mai	18,13
Juin	22,09
Juillet	24,87
Août	25,66
Septembre	23,21
Octobre	19,44
Novembre	14,15
Décembre	11,71

TEMPÉRATURE MOYENNE DES SAISONS.

Hiver	12,03
Printemps	15,07
Été	24,20
Automne	18,93

TEMPÉRATURE MOYENNE DE L'ANNÉE.

17°,55 centig.

TEMPÉRATURE MOYENNE DE LA SAISON HIBERNALE.

14°,34 centig.

Ces résultats n'ont pas besoin de commentaires, puisqu'en définitive les malades trouveront à Ajaccio pour température moyenne de la saison d'hiver, le degré thermométrique que l'on assigne à la température ordinaire d'une chambre à coucher.

Non-seulement cette douce température est constante, mais encore les passages d'une saison à une autre se font d'une manière graduée, et sans violentes secousses de la colonne mercurielle.

La différence entre le chiffre plus élevé des moyennes mensuelles (août 25°,66 centig.) et le plus bas (janvier 10°,25 centig.) n'est que de 15°,41.

La différence entre la moyenne de l'hiver et celle du printemps est de 3°,04.

Printemps et été	9°,13
Été et automne	5°,27
Automne et hiver	6°,90

Les observations de M. Ch. Guérin confirment ces données générales de la température ajaccienne.

1863.	Temp. moyenne.	Maximum.	Minimum.	Moyenne des maxim. et minim.
Mars	12°,31	16°,50	6°	10°,74
Avril	16°,57	20°,75	7°	14°,90
Mai	20°,28	26°,00	11°	19°,01

Jusqu'à ces dernières années, l'on a étudié l'état calorifique d'un pays, en cherchant la température moyenne de l'air à une distance plus ou moins rapprochée du sol, sans tenir compte de l'influence que ce sol lui-même peut exercer, mais ces constatations donnent, d'après M. Becquerel, des résultats incomplets : suffisantes pour la physique terrestre, elles ne doivent pas satisfaire le climatologiste. Dans le travail auquel nous avons déjà fait allusion, le savant académicien insiste beaucoup sur ces distinctions, et il démontre, de la manière la plus péremptoire, qu'il existe dans chaque localité deux températures moyennes :

L'une dépendante de la latitude,

L'autre de la nature de la surface terrestre.

Examinons attentivement les observations thermométriques faites comparativement en 1861 et 1862 à l'Observatoire de Paris et au Jardin des Plantes.

Température moyenne de l'air à l'Observatoire...	10,68
— au Jardin des Plantes...	10,67

1861	à l'Observatoire.	au Jardin des Plantes.
Hiver (Déc. Janv. Fév.)	3,16	2,31
Printemps	10,27	10,27
Été	17,59	18,82
Automne	11,54	11,06
1863. — Hiver météorologique.	5,46	4,70

Ces résultats montrent que si les températures moyennes annuelles sont égales dans les deux localités il n'en est pas de même des températures moyennes des saisons.

Les étés sont un peu plus chauds, et les hivers un peu plus froids, au Jardin des Plantes qu'à l'Observatoire. (La température de l'Observatoire est prise à 7 mètres d'élévation au nord, celle du Jardin des Plantes à 1^m,33 au nord, au-dessus du sol.)

Ces différences, qui assimilent la température de l'air au Jardin des Plantes à celle des climats un peu extrêmes, sont évidemment dues à des différences dans le rayonnement du sol et des bâtiments voisins (1).

De là découle la nécessité de prendre en considération les influences locales, dans la détermination des températures qui doivent servir à l'étude et à la classification des climats.

(1) M. Renou propose de prendre les températures en se plaçant à quelques pas des maisons, et en tournant le thermomètre en fronde; c'est le moyen le plus certain d'avoir la température de l'atmosphère ambiante.

ÉTAT D'HUMIDITÉ.

Étroitement lié à la température et presque sous sa dépendance, l'état hygrométrique de l'air (1) joue un rôle très-important dans l'étiologie des maladies et dans l'influence des divers climats sur l'organisme.

J. Clark, le célèbre climatologiste, considère l'humidité comme l'une des qualités physiques de l'air qui sont le plus nuisibles à la vie humaine.

Pendant que l'air chaud et humide exerce sur l'ensemble des fonctions une action débilitante, l'air devient vital et actif avec la sécheresse ; une atmosphère moite et humide réprime l'évaporation insensible de la surface cutanée; les conditions contraires l'activent.

Il est des jours où l'homme le plus robuste éprouve de l'oppression et de la langueur, il en est d'autres où il a le sentiment d'une exaltation vitale, d'une énergie musculaire exagérée.

C'est surtout dans les affections chroniques de la poitrine, qu'il faut parfaitement déterminer l'influence directe de l'humidité dans ses rapports avec le séjour d'hiver; car si un phthisique débilité, languissant, avec sécrétions profuses, réclame avec raison un climat sec....

(1) On appelle état hygrométrique de l'air le rapport entre la quantité de vapeur d'eau contenue dans l'air, et celle qui s'y trouverait au point de saturation.

Un phthisique doué d'une suractivité des fonctions demande un climat doux et humide.

La tension de la vapeur d'eau, contenue dans l'air, varie suivant le degré de la température, et selon la direction des vents et la pression atmosphérique : aussi l'humidité change aux différentes heures de la journée, ainsi qu'aux différentes saisons de l'année.

Pour mesurer ce degré d'humidité, l'on se sert ordinairement de l'hygromètre à cheveu de Saussure, ou du psychromètre d'Augustt (1).

Nos sens nous permettent d'apprécier, quoique d'une façon grossière, l'état hygrométrique du ciel. Ainsi, quand l'air est parfaitement sec, les objets nous paraissent plus lointains, les horizons plus profonds, les lumières éloignées semblent des points très-faibles.

Quand l'atmosphère est tout imprégnée de vapeur d'eau, et que la pluie est prochaine, les horizons se rétrécissent, les plans les plus éloignés, au lieu d'être perdus dans une poussière nébuleuse, ont une netteté inaccoutumée, les montagnes lointaines prennent une teinte plus bleue ; la nuit, les lumières s'entourent d'une large auréole et semblent plus colorées.

(1) Dans ce dernier instrument on reproduit le phénomène de la rosée, en obtenant la condensation artificielle de la vapeur d'eau atmosphérique sur une surface qui se refroidit, et dont on connaît la température.

Le rapport entre la température à laquelle cette rosée se forme, et celle de l'air, indique immédiatement la proportion de l'humidité qui s'y trouve répandue.

Les brouillards et la rosée rentrent dans les conditions de l'hygrométrie.

Les brouillards sont rares et peu denses à Ajaccio.

La rosée est d'autant plus abondante, que le refroidissement des couches atmosphériques inférieures est porté plus loin, et que le sol se trouve dans les conditions d'un rayonnement plus grand. Les rosées suppléent en partie au manque de pluies régulières ; c'est à elles que la campagne doit cet aspect de verdure qui la rend si agréable.

Les seuls renseignements précis que je puisse donner, sont ceux que je tire des observations recueillies cet hiver par M. Guérin et par moi.

Les degrés hygrométriques sont toujours un peu élevés, parce que notre observatoire est installé à quelques pas du rivage ; or, en venant se briser contre les rochers, les vagues répandent dans l'atmosphère des particules aqueuses, qui y restent suspendues dans un certain périmètre.

Les moyennes mensuelles de l'hygromètre Saussure sont

pour Février de..........	87,78
— Mars de............	87,10
— Avril de............	87,50
— Mai de.............	88,70

Le psychromètre d'Augustt nous a donné la tension de la vapeur d'eau mesurée en millimètres, et la saturation au centième de l'air ambiant. Voici les moyennes pour ce trimestre d'hiver.

	Tension de la vapeur.	Saturation.
Mars......	0,08mm19	78,01
Avril......	0,10 13	74,08
Mai.......	0,13 38	76,41

La concordance est parfaite entre tous ces résultats, que nous espérons compléter ultérieurement, par un plus grand nombre de constatations.

PRESSION ATMOSPHÉRIQUE.

L'atmosphère dans laquelle l'homme vit et se développe agit sur lui, non-seulement par le plus ou moins de chaleur qui l'anime, par le plus ou moins d'humidité qu'elle contient, mais encore par le poids que le corps supporte.

Les variations de la pression atmosphérique sont indiquées par le baromètre, après avoir tenu compte de la température de l'air ambiant.

Les effets produits sur l'organisme sont trop considérables, pour ne pas exiger ici quelques développements.

Au niveau de la mer, sous une pression de 0m,760, le corps d'un individu de taille moyenne soutient un poids de 16,000 kil., mais, à mesure que l'on s'élève dans les montagnes, la colonne de mercure destinée à faire équilibre au poids de l'air tend à baisser, et à 1,000 mètres, cette diminution atteint le chiffre de 400 livres (1).

(1) L'échelle de l'altitude à laquelle nous pouvons exister est très-grande. Au sommet du Chimborazo, de Humboldt n'était plus que sous une pression barométrique de 376mm,75.

Il suit de là que ses poumons, sous des volumes identiques, et pour des ampleurs thoraciques égales, reçoivent un air qui a perdu 1/8 de sa densité et de son poids normaux.

Ces circonstances provoquent l'évaporation insensible, et rendent l'air plus sec et plus froid.

Si donc ces conditions doivent être utiles pour les valétudinaires qui ont une constitution débile avec abondante expectoration, elles seront nécessairement nuisibles pour les individus chez lesquels il existe une tendance à la congestion, et partant à l'irritation.

A Paris (0^m,760 de pression), l'homme consomme dans ses seize aspirations 8 litres d'air à la minute, soit 480 à l'heure ; à 1,000 mètres de hauteur (0^m,710), il éprouvera une perte de 60 litres par heure, soit 1,440 litres par jour ; et comme les gaz qui circulent dans nos organes sont en rapport de densité avec le poids de l'atmosphère, ils doivent nécessairement, dans leur circulation avec les liquides qu'ils accompagnent, présider avec une force moindre aux transformations physiologiques (1).

Dans une cloche à plongeur, l'on supporte une pression de 1^m,150,47.

Les stations hibernales les plus propres à influencer heureusement l'appareil respiratoire sont celles qui se trouvent au niveau de la mer.

Mühry admet qu'il n'y a pas plus de 20,000 âmes vivant en Europe à une hauteur de plus de 1,200 mètres.

(1) Si maintenant l'on veut connaître les modifications qui se réfèrent à la composition elle-même de l'air respiré, il faut établir les calculs suivants :

Ce sujet est si important, que je demande la permission de rappeler quelques observations faites sur les enfants aux Eaux-Bonnes, c'est-à-dire à une hauteur de 735 mètres (1).

Dans les premières semaines de leur arrivée aux Pyrénées, ils subissent l'heureuse influence du changement d'air, de la pureté de l'atmosphère, de l'exercice ; leur activité vitale augmente, et il s'opère dans tout leur organisme une modification notable. Mais plus tard, sous l'influence d'une oxygénation constamment imparfaite, d'une hématose journellement appauvrie, les fonctions gastro-intestinales se dérangent, et des symptômes d'anémie et de chloroanémie précèdent ou suivent ceux d'irritabilité nerveuse. La pâleur du teint, l'amaigrissement, les bruits de souffle des carotides, l'inquiétude du caractère, ne laissent aucun doute sur ces conditions pathologiques. — On disait, pour expliquer ces faits, que l'air trop vif des montagnes excite à la longue ces jeunes êtres, mais ce que je viens de rappeler s'oppose à une pareille interprétation. Ces enfants sont souffreteux, parce qu'ils sont privés d'une certaine quan-

L'oxygène figure dans l'air pour 23,01 %. Mais si un litre d'air pèse 1,20 centig. au bord de la mer, sous une pression de $0^m,760$, il ne pèse plus que 1,10 centig. dans la montagne à une hauteur barométrique de $0^m,700$ par exemple. En conséquence, il y aura en moins 23 millig., par litre, d'oxygène, soit 11 grammes dans une heure, et 264 grammes dans la journée ; tout le monde comprenp qu'une différence aussi notable doit exercer une action directe et immédiate sur la respiration pulmonaire et sur l'hématose.

(1) De Pietra Santa, *Les Eaux Bonnes*. Voyage, topographie, climatologie, hygiène des valétudinaires, valeur thérapeutique des Eaux. Paris, 1862.

tité d'oxygène. Je trouve un argument péremptoire de cette conception pathologique dans l'efficacité thérapeutique des préparations ferrugineuses, des huiles de foie de morue, des vins de quinquina.

De cette manière on conçoit aisément les effets d'un air moins oxygéné. Il est utile pour le poitrinaire, parce qu'il a besoin de respirer le moins possible, et d'introduire une quantité moindre d'oxygène dans les poumons. Il devient nuisible pour les enfants, parce qu'ils n'absorbent pas la quantité d'oxygène qui leur est nécessaire, pour une réparation organique complète.

La ville d'Ajaccio étant au niveau de la mer, sa pression atmosphérique normale doit être représentée par 0m,760 ou 28 pouces de l'ancienne mesure. Les vicissitudes ordinaires de pression n'agissent que d'une manière insensible sur l'organisme.

OBSERVATIONS BAROMÉTRIQUES,

PAR M. DUPEYRAT.

3 années 1810-11-12. (Mesure en pouces et lignes.)

	Moyennes du matin.	Après-midi.	Soir.	Moyennes de la journée.
Janvier....	28,10	28,14	28,11	28,11
Février....	28,08	28,03	28,06	28,07
Mars......	28,05	27,92	28,00	28,03
Avril......	27,95	27,91	27,94	27,95
Mai.......	28,03	28,01	28,03	28,03
Juin......	28,09	28,10	28,09	28,09
Juillet.....	28,05	28,04	28,05	28,05
Août......	28,08	28,06	28,07	28,07

Septembre .	28,11	28,12	28,11	28,11
Octobre....	27,96	27,97	27,96	27,96
Novembre..	27,97	27,99	27,99	27,99
Décembre..	28,00	28,00	28,00	28,00

Moyenne générale des 3 années : 28,04.

Différence entre les maxima et les minima : 0,84 ligne.

Les plus grandes oscillations barométriques s'observent en hiver.

Les moyennes mensuelles les plus basses tombent dans les mois de printemps et d'été ; elles augmentent régulièrement en septembre et en janvier, pour redescendre de février à août.

Ce que l'on observe quant aux oscillations barométriques, a lieu également dans chaque révolution diurne, seulement d'une manière moins prononcée.

Nos observations barométriques de l'hiver ont été faites avec deux excellents instruments, comparés à celui de l'observatoire de Paris. Un baromètre Fortin (à colonne mercurielle), un baromètre Richard (métallique et à grande marche) : elles confirment en tous points les précédentes.

Voici les moyennes mensuelles de quatre constatations par jour (8 heures du matin, midi, 4 heures et 8 heures du soir).

	Baromètre Fortin.	Baromètre Richard.
Février...	0m,7653	0m,7649
Mars.....	0m,7563	0m,7557
Avril.....	0m,7607	0m,7605
Mai......	0m,7600	0m,7600

Les oscillations mensuelles n'ont pas été très-considérables, comme le démontrent les différences des maxima et des minima.

	Maxima.	Minima.
Mars....	0^m,7678	0^m,7463
Avril.....	0^m,7639	0^m,7525
Mai......	0^m,7640	0^m,7498

Les oscillations journalières de trois jours, pris au hasard dans chaque mois, se trouvent être de :

	8 h. matin.	Midi.	4 h. soir.	8 h. soir.
26 février .	0^m,7706	0^m,7708	0^m,7707	0^m,7708
5 mars...	0^m,7583	0^m,7586	0^m,7596	0^m,7586
15 avril...	0^m,7605	0^m,7609	0^m,7606	0^m,7607
24 mai....	0^m,7485	0^m,7496	0^m,7509	0^m,7518

ANÉMOLOGIE.

Personne ne saurait contester la grande importance hygiénique de l'air en mouvement, et son influence prépondérante sur les phénomènes météorologiques.

Le professeur Martins, qui appelle les vents, les grands arbitres des changements atmosphériques, a parfaitement déterminé l'action directe et immédiate qu'ils exercent sur la salubrité des lieux et sur la nature des climats (1).

(1) Voici une description précise de la formation des vents :

« Tous les courants aériens ont pour origine une différence de température dans les diverses parties de l'atmosphère. Considérons une île entourée par l'Océan : dans la journée, la surface solide de

Aux bords de la mer, indépendamment des grands mouvements, il se produit le soir et le matin deux vents alizés ou brises régulières, connus sous les noms de brise de mer et de brise de terre.

La première reconnaît pour origine l'échauffement inégal de la terre et de la mer, à mesure que le soleil s'élève au-dessus de l'horizon.

La deuxième se produit, par une raison inverse, à l'entrée de la nuit.

Ces brises tempèrent à Ajaccio la chaleur de l'été, et rendent moins sensibles les froids de l'hiver.

Les vents les plus pernicieux sont la Tramontana et le gregale froids et pénétrants, et le sirocco toujours

l'île s'échauffe plus vite que le miroir des eaux; au-dessus du sol, l'air, de plus en plus léger, montera dans les parties hautes de l'atmosphère, et sera remplacé à mesure par de l'air des régions maritimes environnantes (*brise de mer*). La nuit un phénomène inverse a lieu; l'île se refroidira plus que la mer, et l'air, se mouvant en sens inverse, formera la *brise de terre*.

« Agrandissons ces phénomènes : au lieu d'être quotidiens et locaux, qu'ils se produisent sur les grandes masses terrestres du continent asiatique et sur l'océan Indien qui les environne; les brises de mer et de terre vont devenir les *moussons*.

« Enfin, prenons pour théâtre du phénomène la terre entière, et nous comprendrons pourquoi, la planète étant sans cesse échauffée sous les tropiques, et refroidie aux pôles, deux courants atmosphériques fondamentaux et permanents doivent s'établir, l'un poussant l'air refroidi vers l'équateur, l'autre ramenant l'air chaud vers les pôles.

« Dans la région des tropiques ces deux courants sont bien distincts et nettement séparés; le courant inférieur forme les *vents alizés*.

« Dans la zone des climats tempérés, le courant équatorial et le courant polaire sont constamment en conflit; de là l'extrême variabilité du temps. » (LAUGEL, *Science et philosophie*.)

énervant, alors même qu'il a traversé une vaste étendue de mer.

On sait aujourd'hui que les variations de la rose des vents ne sont pas absolument arbitraires, et qu'elles sont soumises à la *loi dite de Rotation des vents* découverte par M. Dove, de Berlin.

Les vents qui du pôle nord se dirigent vers l'équateur sont, par suite du mouvement de la terre autour de son axe, déviés vers l'ouest, et se convertissent graduellement en vents d'est : (les courants polaires viennent d'abord du nord, puis du nord-est, et enfin de l'est).

S'il s'agit d'un courant équatorial, il montera d'abord vers le nord, puis il s'infléchira de plus en plus vers l'occident (les vents du sud ont une tendance naturelle à tourner au sud-ouest, à l'ouest et au nord-ouest) (1).

Dans nos régions européennes, il n'y a que deux vents principaux, dont l'un oscille entre le sud et l'ouest, et vient le plus généralement du sud-ouest; dont l'autre s'agite entre le nord et l'est, et nous arrive de préférence dans la direction du nord-est.

En ayant égard à la position de la Corse dans la Méditerranée, l'on conçoit qu'il n'existera jamais pour elle, un même courant d'air, un même vent.

La pointe du cap Corse rompt nécessairement les colonnes d'air qui viennent du nord, et les fait dévier,

(1) En comparant la rose des vents à une horloge, on peut dire que le vent tourne dans le même sens que les aiguilles; du nord, ils vont à l'est et au sud, pour remonter à l'ouest et au nord.

en tourbillonnant, de leur direction première. Dans le canal de Bonifacio, les vents du sud-ouest, qui y règnent habituellement, sont toujours opposés et violents, parce qu'ils sont resserrés par le détroit qui sépare l'île de la Sardaigne.

La configuration du golfe d'Ajaccio doit exposer plus particulièrement la ville aux vents d'ouest fléchissant au sud-ouest ou au nord-ouest.

Le tableau suivant indique : d'une part, le rapport du nombre de jours, pendant lesquels les vents ont soufflé dans chaque direction, au chiffre 1000 (observations de M. Dupeyrat) ; de l'autre, la fréquence de chaque vent pendant le premier trimestre des observations de M. Guérin (1).

	Dupeyrat.	Guérin (sur 92 jours)
Nord (Tramontana).....	0,064	11 fois.
Nord-est (Gregale)......	0,125	19 —
Est (Levante)..........	0,054	1 —
Sud-est (Sirocco)........	0,223	23 —
Sud (Mezzo-giorno).....	0,033	2 —
Sud-ouest (Libeccio)....	0,054	7 —
Ouest (Ponente)........	0,087	9 —
Nord-ouest (Mistrale)....	0,190	20 1

Les mois où les vents soufflent avec plus d'intensité,

(1) Pendant cette période l'état de la mer a été

Calme.....................	72 jours.
Agitée ou clapoteuse........	10 —
Grosse.....................	7 —
Très-grosse.................	3 —

Les tempêtes et les rafales de vents sont arrivées par des vents du sud-est.

en changeant de direction dans une même journée, sont les mois de mars et d'octobre; les plus calmes sont les mois de juin et de juillet.

Ce rapport est de 20 et de 15 à 3.

Voici, d'après M. Dupeyrat, un tableau indiquant la direction du vent comparé à l'état du ciel (sur 178 observations).

Direction du vent.	Beau temps.	Variable.	Pluie.
Nord...........	36 fois.	3 fois.	»
Nord-est........	10 —	4 —	»
Est............	1 —	3 —	»
Sud-est.........	5 —	1 —	3 fois.
Sud............	» —	» —	1 —
Sud-ouest.......	2 —	6 —	24 —
Ouest..........	10 —	6 —	4 —
Nord-ouest......	21 —	27 —	11 —

Ce tableau me paraît des plus instructifs; en même temps qu'il fournit la confirmation des idées que je viens d'exposer, il démontre les modifications spéciales que subissent les grands courants atmosphériques de la Méditerranée, par suite de la disposition particulière du golfe d'Ajaccio.

Le beau temps coïncide toujours avec les vents du nord; ce sont presque toujours les vents d'ouest qui amènent la pluie.

Quelques mots actuellement sur la nature de ces vents; quelles doivent être nécessairement leurs qualités?

Les vents du nord et du nord-est amènent un air froid et lourd qui fait monter le baromètre; lorsque le courant polaire rencontre le courant équatorial plus chargé de chaleur et d'humidité, il s'empare de la vapeur d'eau qu'il contient, l'emporte et dissout les nuages.

Le courant équatorial, qui atteint nos latitudes dans la direction du sud-ouest, est imprégné d'un air chaud, humide et léger qui fait descendre la colonne mercurielle. Grâce à sa température élevée, il se charge d'une immense quantité d'eau, en passant sur la plaine liquide de l'océan Atlantique. Du moment où ce courant pénètre dans une région refroidie par le courant polaire, la vapeur d'eau qu'il porte se condense, le temps se couvre et la pluie arrive.

Il est facile d'appliquer ces principes aux vents qui dominent à Ajaccio.

Quant aux autres vents de la rose, comme ils ne sont que des intermédiaires entre les deux grands courants polaire et équatorial, ils partagent en quelque sorte les caractères de ces courants, dont ils marquent la succession.

OZONOMÉTRIE.

Le professeur Schœnbein a donné le nom d'Ozone au principe nouveau qu'il a découvert dans l'atmosphère, en décomposant l'eau par la pile de Volta (1).

(1) Les opinions sont encore divergentes sur sa nature : tritoxyde d'hydrogène, oxygène naissant, oxygène actif, acide aérien, acide hypoazotique, oxygène à un état particulier d'allotropie, oxygène électrisé.

Dans toutes les théories invoquées à l'appui de la nature intime de l'ozone, il faut admettre ses relations intimes avec l'électricité, parce qu'elles résultent clairement des expériences de MM. Fillermann et Matteucci.

Sans vouloir accorder à l'ozone une importance exagérée dans la climatologie d'une localité (1), j'ai été conduit par une étude attentive de cet agent, à reconnaître qu'il exerce sur l'organisme une action réelle, et qu'il donne une explication plus simple de quelques faits météorologiques.

Sous l'influence de certains phénomènes chimico-physiques, l'oxygène subit une modification particulière, qui lui permet de provoquer plus facilement, au sein des tissus vivants, les phénomènes d'oxydation.

Pour expliquer comment l'air des campagnes était plus salubre que celui des villes, l'on admettait qu'il existait dans le premier un principe inconnu dont était privé le second, c'est-à-dire l'air des grandes cités (2).

L'ozone contenu dans l'air se constate au moyen de bandelettes dites ozonométriques (papier à filtrer préalablement trempé dans un empois contenant 1 partie d'iodure de potassium, 10 parties d'amidon, 200 d'eau).

L'ozone, en décomposant l'iodure de potassium, donne lieu à la production d'un ozonate de potasse, qui se perd dans l'air, pendant que l'iode mis en liberté, s'unit à l'amidon pour former un iodure d'amidon à coloration plus ou moins bleue.

(1) Il suffit de rappeler les noms de MM. Schœnbein, Bœckel, Schwarzenbach, Bérigny, Scoutteten, Houzeau, pour montrer l'importance de ces recherches.

(2) M. Houzeau se sert de papiers de tournesol bleu et de papiers de tournesol rouge vineux.

Les premiers sont complétement décolorés à la campagne, pendant que la décoloration est incomplète à la ville.

Les travaux de M. Houzeau ont eu pour but de déterminer la nature de ce principe, et d'apprécier ses qualités essentiellement fugaces, par des réactions matérielles.

Le docteur Ireland, d'Édimbourg, qui s'est livré récemment à une série d'expériences sur l'action physiologique de l'oxygène électrisé, est arrivé aux conclusions suivantes :

1° L'air ozonisé accélère la respiration et, comme on peut le présumer, la circulation.

2° L'air ozonisé excite le système nerveux.

En 1861, dans un premier mémoire présenté à l'Institut de France, j'ai reconnu que la quantité d'ozone répandue dans l'atmosphère suit la même progression que l'humidité de l'air atmosphérique, que par conséquent la courbe de l'ozone est en raison directe de celle formée par les constatations successives de l'hygromètre Saussure.

Dans un second mémoire, de constatations comparatives faites au mois de juillet 1861, aux Eaux-Bonnes (Basses-Pyrénées), à Paris (boulevard Sébastopol, au cinquième) et à Versailles (observatoire Bérigny), j'ai tiré les conclusions ci-jointes :

L'air de Paris n'est pas le même que l'air des Pyrénées; il ne contient que des traces insensibles d'ozone, pendant qu'on en retrouve une forte proportion dans les montagnes.

Les seconds bleuissent fortement dans la partie imprégnée d'iodure de potassium, quand ils sont exposés à la campagne, tandis qu'à la ville l'altération est presque nulle.

La courbe ozonométrique de Versailles occupe une position intermédiaire entre celle des Eaux-Bonnes et celle de Paris.

Il est facile de se convaincre, d'après ces considérations, combien est intéressante l'étude de l'ozone.

Je ne m'étendrai pas davantage sur ce sujet, mais je dois dire deux mots de la coïncidence que quelques auteurs ont voulu établir entre l'abondance de l'ozone atmosphérique et celle des affections catarrhales des poumons.

A Alger, pays chaud par excellence, où les affections bronchiques sont rares et bénignes, j'ai constaté que l'ozone était plus abondant qu'à Strasbourg. En conséquence, si les recherches faites jusqu'ici ne nous conduisent pas à préciser l'action que l'ozone peut et doit exercer sur la santé, elles sont de nature à nous faire persévérer dans cette voie d'études.

Les observations faites à Ajaccio (bandelettes ozonométriques de Jame de Sédan, — Échelle de Bérigny), pendant ces trois derniers mois, sont entièrement conformes aux principes que je viens d'énoncer.

La proportion d'ozone est toujours considérable.

En mars, la moyenne mensuelle est de 10 degrés avec un maximum de 17 et un minimum de 5.

En avril	Moyenne	11.	Max.	15.	Min.	5.
En mai	—	8.	—	15.	—	4.

A Alger, pendant une période de quatre années, j'avais constaté une moyenne de 4,9 de l'échelle

Schœnbein, quantité qui correspond au chiffre de 9,8 de l'échelle Bérigny.

Voilà donc, d'après les idées de M. le professeur Houzeau, un argument de plus en faveur de la salubrité de la ville d'Ajaccio.

CONDITIONS CLIMATÉRIQUES DIVERSES.

Indépendamment des agents que je viens de passer en revue, il existe dans l'atmosphère d'autres phénomènes, qui ont une action directe sur les fonctions en général et sur le système nerveux en particulier.

Ces phénomènes optiques, électriques et magnétiques méritent d'être pris en sérieuse considération; malheureusement leur détermination est difficile, et leur influence sur les êtres organisés par trop mystérieuse.

Je vais donner pourtant quelques détails sommaires sur les phénomènes dus à la manifestation de l'électricité.

Les physiciens admettent aujourd'hui que les dénominations de fluide résineux ou négatif, et de fluide vitré ou positif, ne sont que les degrés différents d'un même état, à partir d'un point d'équilibre privé de manifestation électrique.

L'état résineux, c'est donc le phénomène réel; la terre en est le foyer.

L'espace céleste n'ayant pas la puissance de coercer l'électricité, celle-ci s'y trouve à l'état vitré.

Les fluctuations périodiques de l'électricité atmosphérique sont toutes peu saisissables.

Par un ciel calme et pur, l'électricité libre est peu marquée, à cause de sa grande dissémination; mais, si la température baisse, si les vapeurs aqueuses se condensent en nuages opaques, l'électricité s'y condense aussitôt, et en suit les groupements.

Une chaleur sèche favorise le développement et l'accumulation du fluide électrique dans les régions élevées de l'atmosphère; l'état de l'humidité de l'air l'entraîne, au contraire, à la surface du globe, et le neutralise au sein du réservoir commun.

Les sensations que l'homme éprouve dans ces diverses circonstances sont bien marquées.

Par un temps chaud et sec, il y a plus d'équilibre dans les forces et plus d'accord dans l'ensemble de leur action.

Pendant le règne d'une constitution humide et chaude, on ressent une modification dans le système nerveux, une exaltation de la sensibilité qui se traduit par des douleurs vagues, indéfinies, chez les convalescents et les valétudinaires.

Ce que j'ai dit, jusqu'ici, des conditions météorologiques de l'atmosphère ajaccienne doit nous faire pressentir qu'il ne faudra pas redouter la présence d'un excès d'électricité. J'ajouterai comme preuves à l'appui ces trois circonstances :

Les orages sont rares à Ajaccio ; les décharges électriques sont relativement exceptionnelles; les tremblements de terre y sont inconnus.

CONCLUSIONS.

L'étude attentive et minutieuse, que je viens de faire, de tous ces éléments météorologiques démontre jusqu'à l'évidence la vérité de mes premières assertions.

Le climat d'Ajaccio tient un juste milieu entre le climat d'Alger et celui des côtes de la Provence.

(Grande pureté de l'atmosphère; vicissitudes atmosphériques peu marquées; variations saisonnières graduelles; moyenne annuelle de la température très-satisfaisante (17°,55) ; oscillations limitées de la colonne barométrique dans ses mouvements diurnes et mensuels.)

Le climat participe des avantages des localités situées aux bords de la mer, et qui sont à l'abri des grandes perturbations atmosphériques.

Il possède la zone maritime, qui convient à la forme la plus fréquente des affections chroniques de la poitrine.

Il offre, en outre, par ses eaux minérales dont je m'occuperai plus loin, des ressources très-appréciables pour les valétudinaires, qui viennent s'ajouter à l'excellence des conditions climatologiques, et qui réservent à la nouvelle station d'hiver le plus brillant avenir.

CHAPITRE II.

LA POPULATION.

> L'expression de la salubrité d'un pays doit se tirer, en grande partie, de la durée moyenne de la vie de ses habitants.
>
> (MUHRY.)

La population d'Ajaccio était au dix-huitième siècle, sous la domination génoise, de 3,000 âmes,

en 1794 de 4,701
— 1821 — 7,401
— 1831 — 8,920
— 1862 — 14,098

Cette progression correspond à celle du département entier, qui comptait 150,558 habitants en 1794; 195,407 en 1831, et 252,889 en 1862.

D'après les calculs de M. Robiquet, la moyenne des naissances s'élève dans l'île à

		En France.
3,013 garçons,	soit 0,518 p. 1,000	5,515
et 2,804 filles	— 0,482 —	0,485

Le rapport de la mortalité s'établit ainsi :

	Corse.	France.
0 à 1 an........	0,137	0,232
0 à 10 ans........	0,331	0,449

0 à 50 ans........	0,678	0,703
0 à 60 ans........	0,768	0,786

A Ajaccio, de 1827 à 1831, l'on a constaté 1553 décès :

0 à 1 an..........	374
1 an à 10..........	380
10 à 50............	535
50 à 60............	108
Au-dessus de 60.....	156

Autrement dit	de 0 à 1 an	0 à 10	0 à 50	0 à 60
	374	754	1,289	1,397

Ce qui donne le rapport de proportion suivant :

Pour Ajaccio..	0,241	0,486	0,830	0,900
Pour Paris...	0,280	0,480	—	—

Pendant la période 1853 à 1862, il y a eu :

4,126 naissances.	2,096 garçons, 2,030 filles,	soit 412 (moy. de l'année),
et 4,145 décès...	2,080 hommes, 1,858 femmes,	soit 414 id.

Ces résultats confirment d'abord la loi générale, pour tous les pays et pour tous les peuples, de la prédominance des naissances masculines sur les féminines (le rapport de proportion qui a été en France, en 1857, d'après les calculs de M. Legoyt, de 105,23 garçons pour 100 filles, est ici de 104,80 à 101,50) ; mais, en les acceptant sans commentaires, l'on arriverait à cette conclusion, qu'il y a eu à Ajaccio dans cette période décennale plus de decès que de naissances, or ceci n'est pas exact.

J'ai montré, plus haut, que la population était en progression ascendante; toutefois elle ne représente pas le chiffre réel de la population, car malheureusement, pour des raisons qu'il ne convient pas de discuter ici, une grande partie de la population jeune, active, intelligente, émigre sur les côtes d'Afrique pour demander à cette terre française le travail et le bien-être. Ce chiffre que l'on porte à plus de 3,000 personnes me paraît très-probable, car, si l'on calcule le nombre des habitants de la ville, en suivant les règles indiquées par Necker et en prenant pour base le rapport qui résulte du recensement de la France de 1854 (1 naissance sur 39), on arriverait pour la population réelle d'Ajaccio au total de 16,048 habitants.

Le chiffre de la mortalité est lui-même exagéré, 414 décès par an, en moyenne, fourniraient pour la ville un coefficient de 26 pour 1,000 (1).

Il n'indiquerait pas une excessive salubrité, si l'on ne se hâtait de rechercher et de signaler les circonstances exceptionnelles qui le dénaturent.

Ces circonstances se résument dans ce fait de l'augmentation de la population flottante qui ne figure pas à l'actif, c'est-à-dire à la colonne des naissances ; elle est

(1) En France, ce coefficient varie; d'après M. Legoyt,
il est de 22 pour les campagnes,
— 28 pour Paris,
— 27 pour le département de la Seine.

M. William Farr, le statisticien le plus distingué de la Grande-Bretagne, donne pour maximum de la mortalité en Europe le rapport de 1 décès sur 28 habitants, soit 35 pour 1,000.

représentée, d'une part, par la colonie pénitentiaire de Saint-Antoine, de l'autre, par les travailleurs qui, sous le nom générique de Lucquois, arrivent toutes les années, pendant la saison d'hiver, pour travailler les terres et les vignes des environs de la ville ; or, la mortalité a été considérable chez les enfants de Saint-Antoine, dans les premières années de leur installation.

De 1855 à 1862, 1891 détenus et 122 décès, soit 6,47 p. %,
1862, 373 id. 10 id. — 2,60 p. %.
Moyenne annuelle des décès de la colonie : 15.

Quant aux Lucquois, ils sont exposés aux conditions hygiéniques les plus déplorables. Leur unique pensée, c'est le lucre, le besoin de rapporter, en rentrant au logis, les 2 ou 300 francs qui alimenteront la famille. Afin d'atteindre ce but, il n'est pas de privations qu'ils ne s'imposent, et, comme ils attendent toujours le dernier moment pour demander les soins que comporte leur état de santé, il en résulte que les maladies prennent chez eux un caractère de gravité plus prononcé, et que les décès sont plus fréquents.

Ces observations prouvent surabondamment la justesse de mon assertion.

En défalquant du chiffre de la mortalité moyenne des dernières années le nombre des décès connus de cette population flottante, l'on modifie très-sensiblement le coefficient (414 — 20 = 394).

Je suis donc autorisé à n'admettre comme déductions vraies que les suivantes :

L'accroissement constant et progressif de la population ;

L'augmentation de la durée de la vie moyenne ;

La quantité plus considérable de personnes arrivant à un âge plus avancé (de 50 à 60 ans et au-dessus de 60).

Or, toutes ces conditions, d'après les préceptes de Mühry, nous conduisent à reconnaître la salubrité de la ville d'Ajaccio (1).

(1) Pour compléter ce chapitre, je vais donner les chiffres de la mortalité de deux établissements hospitaliers.

Hôpital militaire (docteur Frasseto) :

Population de 1850 à 1862, 7,234 ; soit 556 militaires en moyenne (par année);

Décès de 1850 à 1862, 172; soit 13 militaires en moyenne (par année), c'est-à-dire 1 sur 42, ou 2,30 pour 0/0.

Ce résultat est des plus satisfaisants, si on le compare à celui des services des hôpitaux militaires de Paris et de province.

Hospice Sainte-Eugénie (docteurs L. Versini et Marcaggi) :

De 1850 à 1862, entrants : 6,962 ; soit 535 en moyenne;

— Décès : 431 ; soit 33 —

c'est-à-dire 6,18 pour 0/0.

Ce chiffre exige quelques commentaires, et il est nécessaire de tenir compte du mode de recrutement des malades pour arriver à une interprétation plus exacte des faits.

1° Ce n'est qu'à la dernière extrémité, que la classe la plus malheureuse de la population va frapper à la porte de l'hôpital.

2° Grâce à la libéralité d'un industriel très-distingué, M. Grandval de Marseille, 20 lits sont réservés à des invalides (hommes ou femmes) incapables par leurs infirmités de pourvoir à leur existence.

3° Les progrès croissants de l'immoralite, et la débauche, amènent à l'hospice des femmes de mauvaise vie, qui, après leurs couches, n'entourent pas leurs enfants de tous les soins désirables.

4° Population adventice (marins en voyage, Lucquois profondément épuisés).

5° Il faut aussi tenir compte des décès survenus en ville par accidents (mourants ou vagabonds recueillis sur la voie publique).

Toutes ces conditions convergent vers le même résultat, c'est-à-dire l'augmentation de la mortalité de l'hospice.

6

Sur des notes que m'a fournies M. de Santi, médecin interne de l'établissement, la nature des maladies est indiquée de la manière suivante pour l'année 1862 : 492 entrants :

Fiévreux, 2/5 ;

Blessés, 3/5 (fractures, plaies scrofuleuses, tumeurs) ;

100 cas de fièvres intermittentes plus ou moins graves.

Par ordre de fréquence, l'on a observé les affections aiguës de la poitrine, les rhumatismes et les hydropisies.

CHAPITRE III.

INFLUENCE DU CLIMAT SUR LES AFFECTIONS CHRONIQUES DE LA POITRINE.

> De tous les modificateurs dont l'homme puisse éprouver les effets, le climat est sans contredit le plus puissant.
>
> (ROCHOUX.)

Il est inutile de consacrer beaucoup de développement à cet axiome.

« Chaque pays possède un règne pathologique spécial. »

Dans les contrées septentrionales, en raison de l'abaissement de la température, l'air est plus vif, plus condensé, partant plus chargé d'oxygène sous un volume égal.

Ces conditions amènent une respiration plus active, une plasticité de sang plus grande, une prédisposition plus accentuée aux maladies congestives.

Par contre, dans le Midi, la dilatation de l'air rend l'atmosphère moins riche en oxygène, ce qui engendre une respiration moins active, et un appauvrissement de sang assez notable pour réagir sur le système nerveux.

Ces considérations sommaires expliquent pourquoi

l'on observera, dans les premières circonstances, des affections de l'appareil respiratoire, et, dans les secondes, des troubles des viscères abdominaux.

Ces principes pathologiques trouvent naturellement leur application dans les maladies qui se produisent à Ajaccio.

L'on voit, en première ligne, les altérations qui ont leur siége dans la région abdominale.

Viennent ensuite les lésions qui sont sous la dépendance d'un désordre du grand sympathique.

Puis, en troisième lieu, les refroidissements par transitions brusques et instantanées de la température.

C'est là l'élément étiologique de ces accidents des fonctions respiratoires, qui se rattachent d'une manière plus immédiate à notre sujet.

Ces altérations pulmonaires n'offrent rien de spécial, quant à leur forme, de caractéristique, quant à leur essence : les transformations successives de l'état aigu à l'état chronique se font dans l'ordre que l'on retrouve dans tous les pays tempérés, et l'action de l'hérédité n'intervient que plus tard, avec le cortége des causes débilitantes qui ont agi sur l'organisme.

Selon que la maladie de poitrine se développe sur des tempéraments lymphatiques ou nerveux, l'on constate deux variétés parfaitement distinctes :

La forme *torpide*, greffée sur une constitution lymphatique ou scrofuleuse, représentant l'alanguissement et la dénutrition, avec impression obtuse et absence de force vitale pour résister au mal ;

La forme *éréthique*, animée par l'élément subinflammatoire avec les réactions de l'élément nerveux, devenant plus nuisible dans ses effets, plus rapide dans sa marche, par les sympathies étendues et violentes qu'éveille l'excitation.

Cette deuxième forme est de beaucoup la plus fréquente à Ajaccio : aussi la plupart des affections de la poitrine prennent une marche accélérée ; ce n'est pas la *phthisis florida* des auteurs, mais une succession plus rapide des diverses phases de l'état morbide.

Je ne puis malheureusement pas m'appuyer sur des statistiques pour déterminer le rapport de fréquence de l'une aux autres. J'écris ces lignes d'après les nombreux témoignages de mes confrères, et je reconnais avec eux, après mûr examen, la rareté de la phthisie à Ajaccio.

Après avoir établi :

1° Que le coefficient de la mortalité en Corse était moins élevé qu'en France ;

2° Que la population offrait de plus fréquents exemples d'individus atteignant un âge avancé ;

3° Que les affections de la poitrine sont relativement plus rares ;

Il faudrait constater, d'une manière précise, l'influence heureuse du climat sur celle de ces maladies qui arrivent du continent ; mais ici commencent les difficultés.

De pareils problèmes nous offrent tout d'abord deux termes :

L'un est bien connu, c'est une affection spéciale des poumons toujours identique, nettement caractérisée par ses symptômes; c'est la phthisie pulmonaire, c'est-à-dire le développement d'une production accidentelle, *sui generis*, que les anatomistes appellent tubercule.

L'autre terme est plus complexe.

Il faut pondérer la valeur des causes climatériques qui ont agi sur l'organisme, et rechercher ensuite l'action spéciale de chacune d'elles, en isolant, autant que possible, l'influence des agents thérapeutiques.

Avec les pathologistes les plus autorisés, je considère la guérison de la phthisie comme chose possible, comme chose prouvée (1).

Mais quel rôle doit-on assigner au climat dans cet acte de réparation organique?

Deux éléments morbides distincts caractérisent toute tuberculose :

L'état local des parties où s'est déposé le produit accidentel, et l'état général des fonctions, qui entretient le mal.

D'une part, une disposition des organes à s'irriter, à se congestionner activement; de l'autre, des conditions générales d'hyposthénie et de déperdition organique.

Il y a entre ces deux éléments une relation inces-

(1) Cette affection profonde, générale et constitutionnelle, peut être attaquée par un ensemble de moyens complexes et variés : ceux-ci agissent en influant profondément sur toute la constitutio et en la transformant pour ainsi dire.

sante : les premiers agissent sur les seconds, et les derniers réagissent sur les autres.

Dans les agents thérapeutiques, il faut donc de toute nécessité :

Rechercher des modificateurs topiques, agissant sur le tubercule, sur la congestion locale, et des modificateurs généraux faisant sentir leur action sur l'état général. C'est parmi ces derniers que viennent se classer les changements de lieux, l'influence des climats tempérés.

Pour déterminer la raison d'être de cette influence bienfaisante du climat d'Ajaccio dans les affections chroniques de la poitrine, il faut invoquer les deux arguments que j'ai signalés en commençant (1) :

Le *consensus omnium* ;

Le fait de l'émigration devenant propriétaire ;

En tenant aussi dans cette étude un compte précis de la pathologie spéciale de la localité (2), je suis arrivé à grouper sous six formules les maladies sur lesquelles la nouvelle station exercera une influence salutaire :

1° La diathèse scrofuleuse, quelle que soit la manifestation par laquelle elle se révèle (altération de la peau, du système glandulaire ou du tissu osseux).

(1) Sir Thomas Brown dit que c'est un bienfait de pouvoir transporter son existence là où l'air, la terre et l'eau ne provoquent pas les infirmités de nos parties les plus faibles, et c'est une chance salutaire aussi que de chercher, de bonne heure, un asile dans un pays capable d'amender et parfois de réprimer nos infirmités.

(2) Les statistiques sont jusqu'ici des plus incomplètes : et alors même qu'elles seraient recueillies, en suivant toutes les règles de l'art, elles ne comprendraient pas tous les éléments nécessaires pour fixer l'opinion sur la véritable portée de la maladie.

2° Les affections du système cutané, liées à un état rhumatismal ou goutteux (modifiées par une température chaude et sèche).

3° Les affections du système nerveux (celles que Sydenham guérissait par la douceur de la température et l'exercice modéré de tous les jours).

4° Les chloroses, les états anémiques et chloro-anémiques (à la suite de convalescence de fièvres graves, ou de longues maladies).

5° Certaines affections du cœur et des gros vaisseaux (lorsqu'il existe la nécessité de suppléer à la gêne de la circulation centrale, par une circulation capillaire et périphérique plus active).

6° Les lésions des organes de la respiration en général, et en particulier la phthisie à forme torpide avec prédominance de lymphatisme.

Cette influence est surtout appréciable, quand il s'agit de conjurer les prédispositions de la maladie, et de combattre les symptômes qui en constituent le premier degré.

Cette influence est moins immédiate à l'apparition des symptômes généraux (fièvre, sueurs), qui font pressentir l'imminence du ramollissement et de la désagrégation.

Dès que ces phénomènes se généralisent, l'influence du climat cesse d'être utile, pour devenir dangereuse ou funeste.

Les contre-indications peuvent à leur tour se résumer dans une seule formule :

La congestion active et l'éréthisme.

CHAPITRE IV.

LES FIÈVRES.

> La question d'assainissement des marais est une question de vie ou de mort pour la Corse. Le premier de tous les devoirs d'un gouvernement, c'est d'assurer la salubrité du territoire.
>
> C'est une dette de la communauté ; réduite à ses seules forces, l'île est hors d'état d'accomplir une tâche aussi ardue.
>
> (A. BLANQUI.)

En étudiant, dans toutes ses particularités, la question si controversée de la fièvre intermittente, j'espère démontrer qu'elle n'est pas inhérente au sol, et qu'elle n'existe pas nécessairement et d'une manière endémique aux environs d'Ajaccio.

Si cet examen me conduit à admettre une étiologie différente de celle du miasme paludéen, j'en déduirai, comme conséquences, une prophylaxie plus intelligente, une thérapeutique plus prompte et plus certaine.

Quoique ces fièvres ne se manifestent jamais pendant la saison d'hiver, il est très-important, dans l'intérêt des populations, de les envisager à un point de vue scientifique.

Préalablement, je dirai quelques mots des controverses qui se rattachent à l'acclimatation (1), à l'antagonisme (2) de la phthisie avec la fièvre intermittente, à l'insalubrité ; car, si elles ont pu susciter, en Algérie et ailleurs, de fréquentes polémiques, elles offrent en Corse les éléments d'une solution facile.

Les plus ardents adversaires du cosmopolitisme de la créature humaine sont obligés de reconnaître que des individus, nés sous d'autres latitudes, s'acclimatent aisément dans toutes les parties de l'île, aux seules conditions :

1° De choisir des habitations saines et abritées ;

2° De porter, à l'imitation des Arabes, des vêtements de laine, afin de régulariser les fonctions de la peau ;

3° De ne pas transgresser les règles de la sobriété, car, dans les pays chauds, une moins grande quantité d'aliments est nécessaire pour suffire aux phénomènes d'oxydation.

Si la phthisie est plus rare dans les pays marécageux, au lieu d'invoquer une nouvelle loi de pathologie générale, il vaut mieux reconnaître que cela dépend uniquement de ces actions dérivatives qui accompagnent l'évolution de la maladie.

(1) On entend par acclimatement la mise en harmonie de l'organisation humaine avec les influences d'un climat, d'une localité, afin que l'homme puisse y vivre, s'y bien porter, et jouir du complet exercice de toutes ses facultés.

(2) L'antagonisme est le principe, en vertu duquel une diathèse ou un état morbide confère à l'organisme plus ou moins d'immunité contre certaines manifestations pathologiques.

Les graves lésions qu'engendre dans les viscères abdominaux le séjour des contrées à marais laissent nécessairement une certaine immunité aux poumons : si maintenant les phthisiques, à forme éréthique, se trouvent mieux de l'atmosphère paludéenne, il faut en chercher la raison dans des conditions particulières d'humidité et de température.

D'après ce que j'ai dit de la géologie de la contrée, il résulte que les torrents qui roulent des sommets des montagnes ont exhaussé peu à peu le fond de leur lit, et obstrué, par des alluvions successives, leurs étroites embouchures.

La stagnation de ces eaux produit des marais assez nsalubres pour rendre la plaine inhabitable (1), en dépit de sa fécondité merveilleuse et du magnifique ciel bleu qui la couvre.

Des considérations, pour ainsi dire politiques, sont venues rendre ces phénomènes plus désastreux ; car, lorsque les Corses ont été obligés de se retirer sur les hautes montagnes pour se soustraire aux excursions des barbares, et pour résister plus énergiquement au despotisme génois, les plaines ont été abandonnées, et les marais s'y sont développés avec une effrayante rapidité (2).

(1) Lorsque le niveau vient à baisser, il reste sur la rive des détritus nombreux de matières végétales et animales, qui se décomposent sous un soleil ardent, secondé par une humidité assez notable.

(2) L'observation semble prouver que la fièvre recule devant la population. — Le Ghetto à Rome est, en effet, très-peuplé, et le Rione dei Monti l'est extrêmement peu... Dans une conversation que

Les ingénieurs et les médecins qui se sont préoccupés de ces études reconnaissent généralement ces deux faits :

1° L'insalubrité, quand elle est le résultat de causes appréciables, ne résiste pas à la main des hommes.

2° Les travaux d'assainissement rendent à la terre son ancienne abondance, et font disparaître l'infection.

Prenons pour exemple ce qui se passe sur les plaines orientales de l'Ile. — Ces plaines, que Blanqui appelait le Mitidja de la Corse, étaient salubres aux temps des Romains qui y avaient fondé deux colonies puissantes, et l'agriculture se trouvait assez développée pour pouvoir fournir aux proconsuls des tributs de 100,000 livres de cire.

Les marais s'étant propagés, par des conditions inhérentes à la topographie des torrents, à la nature géologique des terrains, à l'incurie des hommes, la désolation et la mort ont remplacé l'abondance et la fertilité : toutefois les inconvénients disparaissent, à mesure que de sages règles hygiéniques, que d'intelligents travaux hydrauliques et agricoles, remettent la colonisation moderne dans les conditions où se trouvait jadis la population conquérante.

Dans son dernier rapport au conseil général, M. Vosgin annonce que l'influence des travaux de dessèche-

j'eus avec l'infortuné comte Rossi sur la fièvre qui afflige annuellement la ville pontificale, il m'apprit la salubrité du Ghetto et la disparition de la *mal' aria* devant l'envahissement de la population.

(Paul Saint-Olive.)

ment exécutés par l'État est très-sensible, au point de vue sanitaire (1).

Les *colmates*, exécutées par le grand-duc Léopold sur les vastes solitudes des Maremmes toscanes, ont donné de merveilleux résultats.

En travaillant dans le sens de la nature (2), il a doublé en quelques années la population de cette intéressante contrée.

Lorsque j'ai étudié l'acclimatation en Algérie, j'ai été très-heureux de présenter le parallèle de ce qu'étaient Bouffarick et Staouëli, aux premières années de la conquête (meurtrières et inhabitables), et de ce qu'elles sont actuellement (riches et populeuses).

Il n'est donc pas étonnant de retrouver en Corse, avec l'extension du travail et les encouragements donnés à l'agriculture, le décroissement considérable des fièvres et la modification caractéristique de leurs phénomènes morbides (3).

(1) Cette influence est moins sensible sous le rapport de l'intérêt agricole, à cause du trop faible relief d'une partie des terrains desséchés relativement au niveau de la mer.

Ceux qui sont situés à plus de 60 centimètres au-dessus de ce niveau ont été déjà améliorés par le colmatage des terrains, le rafraîchissement des eaux stagnantes au moyen du courant des torrents.

(2) Réponse du grand-duc à M. de Lamartine.

(3) Toutefois, l'air s'y est tellement modifié (domaine de Casabianda, aujourd'hui pénitencier agricole) depuis quelques années, que des localités qui étaient inhabitables peuvent être actuellement habitées dans la mauvaise saison, car là où jadis régnaient les fièvres pernicieuses, ne règnent plus que les fièvres intermittentes simples, qui ne présentent point de gravité ni de danger.

(Docteur CONNEAU.)

Il n'est pas nécessaire d'insister davantage sur des faits aussi incontestables et sur des résultats aussi frappants.

La majorité des médecins pense que la fièvre intermittente se développe sous l'influence unique des principes morbifiques contenus dans les effluves marécageux. Pour eux, les miasmes palustres (1) sont produits par l'action combinée de la chaleur et de l'humidité sur les matières végéto-animales fermentescibles (2).

Lancisi, Torti, Pringle, Bailly, Lind, Santarelli, font jouer un rôle important dans la production des fièvres aux alternatives de température et d'hygrométrie. Je me rallie volontiers à leurs idées, car, alors même que l'on admet l'existence du miasme, il faut reconnaître qu'il n'entre en action qu'en présence de conditions particulières :

— Variations brusques de la température ;

— Défaut d'équilibre, qui s'établit dans l'atmosphère au coucher du soleil et au lever de l'aurore ;

— Chaleur du jour ;

(1) Les docteurs Moscati, Brocchi et Renzi ont fait de vaines tentatives pour déceler la nature intime de ce principe méphitique, pour rendre coercible l'élément véritable qui forme l'essence de l'air palustre. — Les expériences de chimie les plus délicates ont démontré que l'air pris à la surface d'un étang contient les mêmes principes que celui recueilli au sommet d'une montagne.

(2) Une contrée produit les fièvres endémo-épidémiques :

1° Lorsque les substances végéto-animales fermentescibles se trouvent abondamment répandues sur son territoire ;

2° Lorsque le climat possède, avec des variations atmosphériques, des conditions de chaleur et d'humidité favorables à la putréfaction miasmatique.

— Humidité de l'air due à la vapeur d'eau (1).

Cette thèse, que je soutiens depuis quinze ans, s'appuie sur deux ordres d'arguments :

1° La fièvre intermittente peut se produire dans des conditions autres que celles du miasme paludéen ;

2° La fièvre intermittente peut être guérie par une médication qui n'est pas l'antipériodique.

Quelle que soit l'hypothèse que l'on adopte, il est incontestable que les moments où l'organisme est plus sujet à l'infection fébrile sont ceux qui marquent le commencement et la fin de la nuit. Dans le milieu du jour, comme en plein minuit, le corps est réfractaire à cette action.

Comment se formule la première hypothèse ?

Le miasme se développe, dans la journée, par les fortes chaleurs, on voit des vapeurs légères s'élever au-dessus de la surface des marais, et gagner les couches supérieures de l'atmosphère ; à ce moment les effluves n'exercent aucune action sur l'organisme ; mais, au coucher du soleil, par le fait de la variation de température, ils se condensent dans les couches inférieures de l'air, et acquièrent alors une action délétère.

Pour se rendre compte de l'innocuité des miasmes pendant la nuit, et de leur nouvelle action nuisible à

(1) En médecine, il faut étudier les faits dans leur ensemble et dans leurs relations réciproques ; il n'y a des théories diverses, sur l'étiologie des fièvres, que parce que chacun des éléments, admis comme cause productrice par un auteur, forme en réalité l'une des conditions nécessaires, indispensables à la manifestation du phénomène fièvre.

la pointe du jour, il faut nécessairement admettre qu'ils n'agissent que lorsqu'ils ont atteint un certain degré de concentration.

Vers minuit, ils sont entièrement condensés à la surface de la terre, et inactifs. Lorsque au lever de l'aurore la tension de la vapeur diminue, ils s'élèvent insensiblement au-dessus du sol pour redevenir pernicieux.

Ces explications paraissent sans contredit ingénieuses, mais rien ne prouve la nécessité de ce *quantùm* de condensation.

L'élasticité des effluves n'inspire qu'une confiance médiocre aux partisans de la deuxième hypothèse, qui préfèrent rapporter les phénomènes morbides à la différence qui s'établit entre la chaleur du jour et celle de la nuit.

Les personnes qui ont voyagé en Italie se rappellent que, même dans les mois les plus chauds, il est nécessaire d'avoir un manteau, surtout aux moments indiqués plus haut.

Rien de plus agréable dans la belle saison que la promenade des Cascines, à Florence, sous ses allées d'arbres séculaires : à gauche l'Arno qui roule des eaux paisibles, à droite des prairies artificielles toujours vertes; sur les collines environnantes, une multitude d'habitations, encadrées dans des oliviers, des vignobles, des fleurs aux mille variétés, aux éclatantes couleurs. En y séjournant au delà de 7 à 8 heures, on est souvent pris le lendemain d'un accès de fièvre intermittente. De 10 heures du soir à 4 heures du matin, l'on peut impunément se promener dans les bois et le long de la rivière; mais, de 4 à 5 heures, nouveau danger de contracter la fièvre.

Ces faits sont constatés par les médecins les plus recommandables.

Inutile d'ajouter qu'il n'existe, dans la situation topographique des Cascines, aucun des éléments aptes à favoriser la production du miasme. Pas de mélange d'eaux douces et d'eaux salées, pas de terres inondées, pas de marais, pas de détritus de matières végétales ou animales, pas de vase sur les bords sablonneux de l'Arno.

Une observation digne de remarque est celle des propriétaires aisés de la Maremme toscane, qui n'ont jamais eu de fièvre, quoique leur habitation soit entourée de marais et d'étangs. Ils attribuent cette immunité au soin constant de rentrer au logis au coucher du soleil, de n'en sortir qu'après son lever, de se placer soir et matin pendant quelques minutes devant un feu flamboyant; de prendre en se levant un verre de liqueur ou d'eau-de-vie.

Dans la journée, pourtant, ces individus respirent les vapeurs qui s'élèvent de la surface des eaux stagnantes, pour gagner les régions supérieures de l'atmosphère; si elles contenaient un principe délétère, l'organisme ne finirait-il pas par en être lésé?

Ainsi, d'une part, accès de fièvre intermittente sans qu'on puisse trouver, dans la position topographique, les éléments constitutifs du miasme.

D'autre part, émanation paludéenne visible, possibilité de respirer impunément dans la journée l'air chargé de ces effluves. Si dans le premier cas l'on ne peut invoquer que le déséquilibre de la température, si dans le second l'on reconnaît que l'abaissement de la température est une condition essentielle pour la manifestation des effets pernicieux du miasme, il faudra nécessairement admettre que ces variations et ces équilibres jouent le rôle principal dans la production des fièvres intermittentes.

Pendant mon séjour en Afrique, j'avais rédigé, de concert avec mon savant ami, le docteur E. Milon, un programme d'études, dans lequel rentraient des observations météorologiques entreprises sur plusieurs points de la contrée ; nous voulions préciser les différences de température, que l'on constate à un moment donné, sur le sommet d'une colline ou au fond d'une gorge, sur le rivage de la mer ou dans une plaine inculte.

Au moyen de ces données, et en tenant compte des phénomènes physiologiques et morbides des individus, l'on arriverait immédiatement à une étiologie plus logique de la fièvre intermittente.

Parmi les faits qui ont le plus contribué à nous raffermir dans cette pensée, je citerai le suivant :

A la porte d'Alger s'élèvent les charmantes et délicieuses collines de la Bouzareah.

Pendant que, de temps immémorial, les Maures viennent y séjourner pour se guérir des fièvres qu'ils ont rapportées de la plaine de la Mitidja, des jardiniers espagnols y ont contracté des fièvres intermittentes simples et pernicieuses : j'ajoute de suite que les premiers sont restés fidèles à leur manière de vivre (hygiène spéciale, vêtements de laine, alimentation modérée, travail dans le milieu du jour), tandis que les seconds ont conservé leurs habitudes du continent ; après s'être exposés, dans les vallées, à une chaleur excessive, ils rentraient, le soir, au haut de la colline, le corps en sueur, la veste sur l'épaule, buvant et mangeant à volonté, bravant le soleil comme les vents, la rosée de l'aurore comme l'humidité du crépuscule.

Pour rendre hommage à la vérité, je dois citer deux documents qui prouvent que cette manière d'envisager les fièvres intermittentes n'est pas aussi nouvelle que M. Milon et moi l'avions pensé.

J'emprunte le premier au *Mémoire sur l'histoire naturelle de la Corse*, publié, en 1783, par M. Barral ; le second à un rapport de M. Hernoux, ingénieur en chef du département.

« La cause de l'insalubrité des plaines, dit M. Barral, provient des marécages, des terres incultes, des herbes marines entassées sur les rivages, où elles tombent en putréfaction, et *des variétés de la température* (passages subits du froid au chaud).

« Il y a de petites plaines le long du Golo, assez bien cultivées, sans marécages, et entourées de montagnes, qui ne sont point habitables pendant les mois de juin, juillet, août, septembre et une partie d'octobre, quand il ne pleut pas. La cause de cette insalubrité provient de l'intermittence du froid et du chaud, dans le courant de la journée. La chaleur va jusqu'à 27 et 28 degrés, et, pendant cette période, il n'y a pas le moindre zéphyr, et il s'exhale de la terre des vapeurs brûlantes, qui forment une atmosphère dans laquelle on peut à peine respirer et supporter le moindre vêtement.

« Il succède à cela un petit vent frais, qui fait baisser le thermomètre à 20 et 18 degrés. Les corps, qui se trouvent alors en dilatation, se resserrent; l'intranspiration, les maux de tête en résultent, et enfin les fièvres inflammatoires et putrides.

« A 150 toises d'élévation au-dessus de ces plaines, c'est-à-dire à mi-côte de la montagne, l'on est hors du danger de cette intempérie, et l'air y est sain. »

« De l'avis des hommes expérimentés et spéciaux, écrit M. Hernoux, l'insalubrité tient principalement aux courants violents qui règnent dans les vallées à heures fixes, et aux brusques changements de température qu'ils occasionnent.

« Ainsi, à 10 kilomètres d'Ajaccio, dans la vallée et au pont de Prunelli, on rencontre des terrains passablement cultivés, bien boisés et sans traces d'eaux stagnantes; plusieurs ouvriers, au milieu de l'été de 1850, ont dû y être employés à des réparations urgentes. La chaleur était extrême pendant le jour; les nuits, les matinées surtout étaient froides et humides; la brise de mer se faisait d'ailleurs sentir avec force dans cette gorge : tous ces ouvriers, sans exception, après cinq ou six jours, ont été dangereusement atteints par les fièvres.

« Des faits analogues ont été observés, dans l'été de 1849, à la maison de campagne du Séminaire, placée dans les conditions les plus favorables ; les terrains qui l'environnent sont parfaitement cultivés, ils sont élevés d'environ 300 mètres au-dessus du niveau de la mer ; le vallon est arrosé par des eaux vives, et cependant des ouvriers du pays, bien acclimatés, ont tous été, y compris l'entrepreneur, chassés successivement par la maladie.

« Le même effet se produit dans la longue et étroite vallée de la Navaccia, l'une des moins humides, et pourtant des plus malsaines de la Corse. C'est donc, je le répète, dans les brusques variations de la température, aggravées par la position topographique des vallées, comme aussi dans les mauvais logements, dans la si débilitante nourriture des habitants, dans la qualité des eaux potables, qu'il faut voir la deuxième cause d'insalubrité de l'île. »

M. Hernoux attribue la première à la présence des marais et des miasmes qui s'en dégagent.

Les considérations qui précèdent m'amènent à poser actuellement les bases d'une prophylaxie mieux entendue, d'un traitement plus efficace.

Pour se prémunir contre la fièvre, il faut imiter le propriétaire toscan dont j'ai parlé plus haut :

1° Ne pas sortir avant le lever du soleil, et ne pas stationner dans la plaine, alors qu'elle est inondée par la rosée de la nuit ;

2° Prendre, avant de quitter le logis, un biscuit, ou

une croûte de pain, trempée dans du vin généreux, ou de l'eau-de-vie ;

3° Rentrer le soir au coucher du soleil, en ayant soin de se couvrir davantage pour se garantir de l'impression désagréable qu'amène l'abaissement de la température ;

4° En arrivant à la maison, se placer pendant quelques minutes devant un feu de fagots ;

5° Se servir constamment de vêtements de laine.

Je résumerai les principes d'une thérapeutique efficace dans les six formules suivantes :

1° Dans le traitement des fièvres intermittentes simples, il faut tenir compte des causes occasionnelles, de la constitution atmosphérique régnante, des complications qui les accompagnent ;

2° Dans le traitement des fièvres pernicieuses, on ne doit pas négliger de les rendre à leur simplicité, en combattant les complications ;

3° Le tartre stibié (émétique) est très-utile ; il imprime à l'organisme une secousse inattendue, un ébranlement salutaire : administré dès le début, il rend l'action du sulfate de quinine plus efficace, la convalescence plus rapide, les récidives moins fréquentes ;

4° Le sulfate de quinine constitue l'agent spécifique par excellence ;

5° Les meilleures conditions de son administration sont de le porphyriser, de l'employer à la dose moyenne de 1 gramme, 7 à 8 heures avant l'accès à venir dans les intermittentes simples, au premier moment de la rémission dans les pernicieuses;

6° Le vin de quinquina, additionné d'une quantité plus ou moins grande de sulfate de quinine rend les plus grands services, après que la méthode évacuante a été employée d'une manière intelligente.

CHAPITRE V.

OPINION DES AUTEURS.

> La richesse naturelle de la Corse est plus incontestable encore dans les produits de son agriculture, favorisée par le climat le plus pur et le plus doux de l'Europe.
>
> (BLANQUI.)

> L'heureuse température dont l'île est douée favorise singulièrement la variété des produits et leur qualité supérieure.
>
> (LE MÊME.)

Il me serait très-facile de multiplier ces citations, mais, en me bornant à exprimer les idées de l'illustre académicien qui avait étudié si consciencieusement le pays, j'ai la certitude d'arrêter la pensée de mes lecteurs sur une opinion nette et précise.

Ceux qui ont bien voulu me suivre dans la série de ces recherches seront familiarisés avec ces rapports de causes à effet, avec ces successions de phénomènes qu'animent et que dirigent les mêmes principes.

L'influence salutaire que le climat exerce sur les plantes se retrouve, d'une manière non moins accentuée, sur l'espèce humaine ; mais, comme les témoignages des médecins distingués de la ville pourraient être taxés de partialité, j'aime mieux transcrire quelques passages de publications dues à la plume de confrères aussi savants que recommandables.

Voici ce que M. le docteur Donné, aujourd'hui recteur de la Faculté de Montpellier, disait du climat d'Ajaccio, dans les intéressants feuilletons du *journal des Débats* publiés en 1852.

« Je ne connais pas de ville mieux située, plus jolie et plus gaie qu'Ajaccio. C'est Naples en petit, par sa position au bord de la mer.

« Le golfe entouré d'une ceinture de montagnes dont les plus élevées sont couvertes de neige, le calme de l'air que n'agitent jamais les bourrasques de vent, la tiédeur de l'atmosphère qui permet la culture de l'olivier, de l'oranger, du palmier, de la canne à sucre en pleine terre, et cette vie tout extérieure d'une population agglomérée, font d'Ajaccio une ville pleine de mouvement, éminemment propre aux gens qui n'ont rien à faire qu'à se promener, à humer l'air et se réchauffer au soleil.

« Mon patriotisme souffre lorsque je vois la France, par mode ou par ignorance, aller chercher hors d'elle-même ce qu'elle possède, et demander à des pays étrangers des avantages que ses diverses contrées lui offrent à un degré égal ou supérieur...

« Quel plus beau climat que celui de la Corse et d'Ajaccio en particulier ! Il faut aller jusqu'aux îles de la Grèce pour trouver une température aussi douce, un hiver aussi clément, un été aussi tempéré. C'est déjà le ciel de l'Afrique, avec un soleil moins ardent, mais non moins pur. Quel plus beau lieu, quelle plus délicieuse plage, quel air plus tiède ! et cette terre nous appartient, et nous y sommes chez nous, et en faisant la fortune de ce pays, nous enrichissons nos concitoyens !

« Il n'est pas un médecin qui n'ait été frappé de ces merveilleuses conditions en venant ici, et tous se sont promis, de retour sur le continent, de les mettre à profit pour leurs malades.

« Comment ces bonnes dispositions n'ont-elles encore rien produit, et pourquoi continue-t-on à diriger vers une terre étrangère ce courant du monde fuyant l'hiver, qui serait une fortune pour cette île, qui réussirait à la transformer, à la civiliser mieux que des lois, en même temps qu'il y trouverait les bienfaits d'un climat délicieux?

« Faisons connaître les ressources du climat de la Corse, les beautés et les singularités de sa nature, et lorsque nous aurons piqué la curiosité des amateurs, lorsque nous aurons décidé quelques malades, qui serviront d'exemple à d'autres, à venir chercher dans cette région les bienfaits de son atmosphère et de ses eaux vivifiantes, nous ne serons pas inquiets de l'opinion qu'on aura de nous, car les Corses, en définitive, sont reconnaissants. »

Dans la deuxième édition de son ouvrage sur Menton, le docteur H. Bennett, du Collége des chirurgiens de Londres, consacre à la Corse un chapitre des plus intéressants. La haute position qu'occupe dans le monde médical ce savant et très-distingué confrère, donne une très-grande importance aux opinions qu'il a émises sur la contrée. Je traduis littéralement.

« La Corse offre aux valétudinaires des ressources encores inconnues...

« Je me persuade volontiers que le principal but de mon voyage a été couronné d'un plein succès, puisque j'ai pu découvrir à Ajaccio une admirable et délicieuse station d'hiver, et je suis d'autant plus fier de ce résultat, que je l'avais prévu, en étudiant attentivement les conditions géologiques, météorologiques et géographiques du pays.

« Ajaccio est une des villes les plus élégantes (*cleanest*) et les plus riantes (*most smiling*) que j'aie jamais vues; la végétation de la campagne et de ses environs indique un climat au moins aussi chaud, sinon plus chaud, que celui de Nice.

« Les praticiens de la ville m'ont assuré que sa salubrité ne laissait rien à désirer. Les fièvres intermittentes seules se présentent parfois sous forme endémique. Le froid est inconnu pendant l'hiver, et le temps constamment beau est toujours éclairé par un soleil radieux. »

M. Bennett corrobore son opinion de celle d'un illustre général qui, après avoir parcouru les stations d'Europe les plus réputées, n'en avait pas trouvé de comparables à celle d'Ajaccio, qu'il avait adoptée pour sa résidence d'hiver.

« Les étrangers, ajoute notre savant confrère, trouveront aisément à s'installer dans un pays qui renferme des ressources considérables ; quant à moi, j'ai été si enchanté de mon séjour à Ajaccio, que si je n'avais une position médicale à Menton, je n'aurais pas hésité à venir y passer l'hiver prochain. »

Il termine en disant :

« Telle m'est apparue la Corse ! mes compagnons et moi avons trouvé de l'agrément et du charme dans cette excursion, quoique, pressés par le temps, nous n'ayons pu lui consacrer quelques journées de plus.

« J'espère toutefois que la description que j'en ai faite engagera d'autres touristes à visiter ces rivages.

« J'espère aussi qu'en faisant connaître la jolie petite ville d'Ajaccio, j'ajouterai une station d'hiver d'un accès facile (*winter sanitarium*) à celles qui existent déjà dans le midi de la France. »

Le docteur J. Laure, médecin distingué de la marine impériale, signalait avec enthousiasme, en 1860, « cette « plage magnifique, en pente douce vers la mer, qu'un « soleil africain éclaire tous les jours. »

CHAPITRE VI.

CONDITIONS HYGIÉNIQUES DES VALÉTUDINAIRES.

> Il n'y a que deux choses qui devraient nous occuper ici-bas, c'est la vertu et la santé. (LEIBNITZ.)

Si cette maxime du grand philosophe doit être prise en considération par les gens qui jouissent d'une bonne santé, elle mérite de fixer, d'une manière plus spéciale, l'attention des personnes souffreteuses ou malades, portant dans leur organisme les germes d'affections aiguës ou chroniques.

C'est alors surtout que l'on doit appliquer ces vrais principes de la science pratique, qui ont pour but de prévenir le mal et de le combattre au début de ses manifestations.

La première demande que doit s'adresser un médecin en présence d'une maladie grave de la poitrine, est celle-ci :

Y a-t-il lieu à émigration ?

Car autant il est utile et convenable d'offrir un soulagement réel aux souffrances d'un valétudinaire, autant il est inhumain de l'enlever aux affections de la famille, aux douces émotions de l'amitié, pour le voir expirer, au bout de quelques mois, loin des siens, loin de la patrie.

J'ai déjà indiqué plus haut les conditions qui doivent présider à cette étude importante.

Il faut déterminer, d'une part, les conditions climatériques des diverses stations, de l'autre, la nature et les phases de la maladie.

Dès que l'on a recueilli ces notions, il convient d'établir le rapport intime de ces éléments, car de cette relation directe découle l'indication la plus convenable.

Pour ce qui concerne le climat d'Ajaccio, comme nous savons qu'il rentre dans les régions des bords de la mer, et qu'il possède la zone maritime, c'est dans les affections à forme torpide et languissante que nous obtiendrons les succès les plus constants.

Quelles sont les règles à suivre pour utiliser, le plus possible, l'action thérapeutique du climat?

Je vais leur consacrer quelques développements, dans la persuasion qu'il n'y a pas de détails minutieux pour un malade. Il veut tout connaître, il a malheureusement le temps de tout demander, et ce sentiment de curiosité se rattache trop au sentiment de conservation, pour ne pas avoir droit à toute notre déférence.

A. — *Époque d'arrivée.* — Comme il importe avant tout d'éviter les chaleurs de l'été, causes immédiates d'une débilitation toujours nuisible, c'est vers la fin de septembre et dans les premiers jours d'octobre que l'on peut se diriger sur la Corse, soit par la voie de Marseille, soit par celle de Nice. — Les malades qui ont séjourné l'été dans les Pyrénées ou dans les Vosges, trouveront déjà à ce moment une campagne souriante sous les premières ondées des pluies d'automne.

B. — *Lieu d'habitation.* — Il est indispensable de choisir des appartements orientés au midi.

La partie de la ville à laquelle l'on doit accorder la préférence, me paraît être celle qui regarde la pleine mer (quartier de Saint-Erasme — place Bonaparte — boulevard Lantivy — Cours Grandval).

Plus abritée des vents du N. et du N.-O. (vents de la Foce de Vizzavona), elle reçoit, de première main, les brises régulières du matin et du soir, et, comme l'a dit Clark, rien ne contribue plus efficacement à renforcer la constitution et à la rendre capable de supporter les vicissitudes du climat, que la respiration constante d'un air pur et renouvelé.

Il y aura toujours des inconvénients pour les malades à s'éloigner du rivage, en s'installant sur le versant des collines.

Dans la campagne, par le fait seul d'une végétation active et luxuriante, les variations thermométriques et hygrométriques sont plus promptes, et partant plus dangereuses.

C. — *Nature de vêtements.* — Sydenham prétendait que la mode de changer d'habits avait tué plus de monde que la poudre à canon : pendant toute la saison d'hiver, il vaudra mieux supporter un peu de chaleur que de s'exposer à voir s'arrêter brusquement la perspiration insensible du système cutané : la surexcitation de la peau, sous une atmosphère plus vive et plus chaude, exige que le corps soit constamment couvert de flanelle.

Le malade aura toujours à sa portée un paletot ou tout autre vêtement supplémentaire, afin de se garantir des variations de température, variations plus facilement éprouvées par lui qu'indiquées par le thermomètre.

C'est surtout vers les quatre heures du soir que l'on doit redouter leur action nuisible.

D. — *Heures d'exercice.* — La journée médicale peut être circonscrite, à très-peu d'exceptions près, entre dix heures du matin et quatre heures du soir.

E. — *Genres d'exercice.* — Bacon nous apprend que l'exercice est l'une des meilleures provisions de la santé; de là vient l'aisance à tout faire, à tout souffrir : c'est l'école de la souplesse et de la vigueur.

Avant lui, Celse avait écrit cette belle sentence :

Otium hebetat, labor firmat.

L'*otium* qui énerve, qui prédispose à la tristesse, à l'ennui, c'est aussi bien l'oisiveté de l'esprit que la paresse du corps.

Le *labor* qui regaillardit, c'est tout à la fois le travail de l'intelligence et l'activité du système musculaire.

Les promenades à pied sont, sans contredit, les moyens les plus salutaires pour obtenir la santé.

Le corps s'échauffe d'une manière plus uniforme, et la circulation s'active plus régulièrement.

Les buts de ces promenades sont aussi nombreux que variés, et elles exercent, en outre, une influence morale très-appréciable.

Les valétudinaires faibles ne négligeront pas les courses sur mer; le magnifique lac se prête admirablement à ces bains d'air vivifiants; quand l'aviron frappe la vague, il s'élève autour de l'embarcation une quantité considérable de particules d'eau salée, qui placent pour ainsi dire le malade dans une salle de pulvérisation.

F. — *Régime alimentaire.* — Il ne faut jamais perdre de vue qu'une alimentation trop abondante n'est pas en harmonie avec les susceptibilités des organes, tandis que la sobriété n'a jamais produit d'inconvénients.

En conseillant le séjour des pays chauds pendant l'hiver, le médecin se propose un double but :

Soustraire les convalescents au froid des contrées septentrionales ;

Les soumettre à des agents moins stimulants et moins excitants.

Quand il s'agira d'entretenir certaines fonctions de l'organisme, par une activité modérée et réparatrice, il est nécessaire de ne pas fatiguer l'appareil digestif.

Si donc le premier conseil consiste à prôner la sobriété, le second doit avoir pour but un choix intelligent des aliments qui favorisent la calorification.

A Ajaccio le régime sera fortifiant, et aura pour bases

les viandes rôties, le vin de Bordeaux, la diète lactée (1).

G. — *Boissons.* — Il est utile parfois de remonter les forces digestives par des infusions allongées de café. En général, l'on pourra faire usage de boissons désaltérantes : la quantité considérable de citrons et d'oranges permettra facilement de satisfaire ce besoin.

H. — *Hygiène morale.* — Si la régularité et le calme de la vie morale réagissent efficacement sur la régularité et le calme de la vie physique, il convient de mettre les convalescents à l'abri des fortes excitations, des émotions exagérées.

Je ne saurais trop recommander l'intimité des rapports avec le médecin.

A une confiance sans bornes, l'homme de l'art répondra par une abnégation de tous les instants, se souvenant de ces belles paroles de M. de Lamartine :

« Il faut surtout maintenir l'espérance, car l'espérance est une grande force vitale. »

(1) Le lait est l'aliment type, plastique et respiratoire.
Il contient une matière azotée; du sucre de lait; une matière grasse, agent de calorification.

APPENDICE.

RENSEIGNEMENTS GÉOGRAPHIQUES ET HISTORIQUES.

Ajaccio, chef-lieu du département de la Corse; place de guerre de deuxième classe.

Siége d'un évêché suffragant de l'archevêché d'Aix, de tribunaux de première instance et de commerce.

Résidence d'un général de brigade commandant la subdivision, du vice-recteur de la Corse, de la conservation des forêts, des directions des domaines et de l'enregistrement.

La ville possède une école normale pour les Instituteurs et une école normale pour les Institutrices, un collége communal, un grand et un petit séminaire, un hôpital militaire, un hospice civil, une société d'agriculture.

Je resserrerai dans quelques lignes l'esquisse du golfe (*a*), de la ville (*b*), et de ses environs (*c*).

a. Comme je l'ai déjà fait observer, l'aspect du golfe rappelle celui de Naples par l'immense lumière dont il est inondé, la transparence éclatante de l'air, la merveilleuse variété des teintes de la mer et du ciel.

Large et profond, aux contours pittoresques, il est circonscrit à son ouverture par deux promontoires (*capo di Fieno et capo di Muro*) qui terminent les contreforts des chaînes secondaires de l'imposant système de montagnes courant du nord au sud de l'île.

C'est dans ce bassin spacieux que viennent mourir, aux jours des tempêtes, les flots courroucés de la Méditerranée. Pendant que les vagues, poussées par les vents de sud-ouest, se brisent sur le môle de granit et bondissent blanches d'écumes à des hauteurs extraordinaires, l'on aperçoit sur la rade des Cannes les petites embarcations, les légers navires, calmes et presque immobiles sur leurs ancres.

Contraste frappant, qui séduit toujours l'imagination, en nous rappelant les péripéties de nos frêles existences !

Les points qui offrent le plus d'intérêt sur cette circonférence, sont : à l'entrée du golfe, les *îles Sanguinaires* (rochers abruptes), sur la plus grande desquelles s'élèvent un phare de premier ordre et un poste télégraphique; puis, en se dirigeant vers la ville, la plage *Minaccia*, la pointe de la *Parata*, la plage du *Scudo*, la vallée de *Barbicaja*, la chapelle des *Grecs*, le ruisseau du *Forcone*, la batterie de *Maestrello*, la place *Miot*, la pointe de la *Citadelle*.

Après l'avoir contournée, on arrive dans le port, qui se termine à la jetée de *Margonaggio*.

Le fond du golfe est formé par les magnifiques mouillages de *Castelvecchio* et des *Cannes*.

La côte opposée, plus accidentée, offre successivement la pointe d'*Aspreto*, surmontée d'un fortin, d'où l'on découvre le panorama de la ville et l'aspect imposant de la haute mer.

D'Aspreto à la pointe de *Vescovo*, se déroule la plage sablonneuse de *Campo di l'Oro*, où viennent se jeter la Gravona et le Prunelli ; vers son centre, la tour de *Capitello*, refuge de Madame mère après l'incendie de sa maison par les bandes anglo-corses.

En suivant cette direction, se succèdent les pointes ou caps de *Porticcio*, des *Sette navi*, de la *Castagna*, de *Portigliolo*, de *Capo di Muro*, qui limitent autant de petits ports, *Porticchio*, *Santa Barbara*, *Portigliolo*, *Cacao*, sûrs abris pour les barques des pêcheurs.

Les eaux du golfe abondent en poissons aussi variés que délicieux : les huîtres y sont savoureuses, mais assez rares et de la grosse espèce. Les premiers essais de M. Coste pour la multiplication des petites huîtres de l'Océan n'ont pas été très-satisfaisants ; heureusement que le savant académicien nous a fait espérer qu'il ne se tiendrait pas pour battu.

Il existe sur tous ces rochers des bancs d'un beau corail rouge.

b. Étreinte entre les pieds des montagnes et la mer, la ville d'Ajaccio n'est pour ainsi dire qu'une longue façade sur le golfe.

Les rues sont généralement larges, droites et propres; les cours bien dessinés, les places parfaitement aérées; leurs dénominations sont aujourd'hui du plus pur bonapartisme, car l'enthousiasme est fervent au berceau de la dynastie napoléonienne, et toutes les classes sociales y pratiquent avec ardeur le culte des souvenirs!

Lorsqu'on arrive sur le bateau à vapeur, en face de ce beau quai au môle solide et pavé de granit (1), où les plus gros vaisseaux trouvent un excellent mouillage, l'œil est agréablement impressionné par l'aspect gracieux que présente cet ensemble de hautes maisons solidement et régulièrement bâties.

Du quai la vue plonge, en perçant la place du Marché et le cours Grandval, jusqu'à la grotte formée par d'énormes blocs de rochers, dans le jardin du Casone, où Napoléon aimait à se retirer pour se livrer à ses lectures. Cette ligne perpendiculaire coupe la ville en deux parties à peu près égales.

La première, A, comprend les places du Marché et Bonaparte, les rues de Madame Mère, du Roi-de-Rome, de la Cathédrale, du boulevard Lantivy et les édifices que j'énumérerai plus bas.

La deuxième, B, est traversée par trois artères : boulevard de ceinture, rue Fesch et cours Napoléon, qui,

(1) Dans une lettre de 1801, à Miot, qu'il avait envoyé en Corse *pour remplir une mission extrêmement difficile,* Napoléon ajoutait : « Le ministre de la marine met des fonds à la disposition de l'ingénieur en chef pour la réparation du môle et la construction du quai nécessaire à la sûreté du port. » (*Correspondance.*)

parallèles d'abord, se confondent aux portes de la ville dans la route impériale qui conduit à Bastia (1).

A. La citadelle forme la pointe la plus avancée de la ville; assise sur les rochers de la rive, entourée d'un large fossé, elle fut élevée en 1554, par le maréchal de Thermes, *sous Henri II, par la grâce de Dieu roi de France et seigneur de l'île de Corse.*

La place du Marché est décorée d'une fontaine en granit et en marbre, que surmonte une remarquable statue de Bonaparte premier consul, par Laboureur.

Dans la rue de Madame se trouvent l'évêché, assez modeste maison bourgeoise, et l'élégant hôtel Pozzo di Borgo, au portail de marbre surmonté des armes de l'ambassadeur de Russie.

Un des quatre côtés de la petite place Lœtizia, est occupé par la façade de la maison Bonaparte; cette maison, *qui contint tant de génie*, est de l'architecture la plus simple. C'est dans une chambre du premier étage, que naquit l'*homme du siècle*; la frise de la cheminée, en marbre blanc et parfaitement conservée, représente Vénus entre deux Amours.

L'émotion est grande à la vue de cette habitation,

(1) M. Valery a été bien mal inspiré en écrivant ces lignes : « Ajaccio est un embryon de ville jeté dans un désert; elle possède une salle de spectacle et pas un charron. »

Le célèbre touriste est aussi très-injuste quand il accuse Napoléon, « qui a couvert de magnifiques travaux des pays enlevés à la France, de n'avoir rien fait pour son île natale. »

Les preuves de la sollicitude de Napoléon pour ses concitoyens se retrouvent à chaque page dans les premiers volumes de sa *Correspondance*, seulement il n'a pas toujours été bien secondé.

objet de pèlerinage des générations, et que la gloire du grand Empereur semble entourer d'un immortel prestige!

La cathédrale, en forme de croix grecque, est surmontée d'une coupole : l'édifice rappelle la bonne architecture italienne du seizième siècle; elle fut construite en 1584, par un vicaire apostolique du pape Grégoire XIII.

On y voit la cuve en marbre de Lumi, où fut baptisé Napoléon, l'élégant maître-autel, présent de la princesse Élisa, grande duchesse de Toscane, et les riches ornements d'église dus à la munificence du cardinal Fesch.

A l'extrémité de la rue de la Cathédrale on remarque : l'élégant hôtel Peraldi; l'église de Saint-Érasme, qui sert d'oratoire à la confrérie des marins; une partie des bâtiments de l'ancien couvent des Jésuites, où sont établis les Frères de la Doctrine chrétienne. Combien de vaillants soldats, tombés glorieusement sur les champs de bataille d'Afrique, de Crimée et d'Italie, se souvenaient avec plaisir d'avoir reçu à cette école les premiers éléments de leur éducation sociale (1).

La piazza *Spinola*, à la porte de la citadelle, est soutenue par les dernières pierres du bastion et des

(1) Alors qu'il était ambassadeur de France à Rome, le cardinal Fesch constitua une rente perpétuelle aux Frères qu'il envoya en Corse sous la direction du savant et respectable Père Raymond. C'est en 1824 que les sœurs de Saint-Joseph ouvrirent, aux frais du cardinal, une maison d'éducation devenue bientôt trop petite pour recevoir les jeunes filles accourues de toute part.

murailles qui constituaient l'enceinte de 1506; elle est comme continuée par le boulevard qui longe la mer, sous le nom de Lantivy, en mémoire du préfet habile et dévoué que la reconnaissance populaire a salué naguères, avec chaleur, après plus de trente ans d'absence.

La place Bonaparte (ou du Diamant), spacieuse, bien nivelée, faisant face à la haute mer, voit s'élever à son extrémité le monument en granit rouge et en bronze qu'une souscription nationale consacre à la mémoire de l'Empereur et de ses quatre frères.

Sur sa gauche l'on aperçoit le grand-séminaire (1), en face l'hôpital militaire. Derrière et plus loin, le petit-séminaire et l'hospice Eugénie.

B. L'hôtel de ville, de construction moderne, renferme la bibliothèque et le musée Napoléonien.

C'est du passage de Lucien Bonaparte au ministère de l'intérieur que date la fondation de la bibliothèque, contenant aujourd'hui plus de 14,000 volumes.

Le musée a été formé dans la salle d'honneur de la mairie, au moyen des objets d'art laissés par S. Em. le cardinal Fesch.

On y voit les riches fauteuils aux armes impériales, les pendules, les candélabres qui ornaient autrefois

(1) C'est à l'intelligente initiative et à la persévérance éclairée de Monseigneur Casanelli d'Istria que la Corse est redevable de ces utiles établissements.

Avec les modiques ressources de son diocèse, Monseigneur a su créer le petit séminaire, où des centaines d'enfants reçoivent la pâture de l'esprit et du cœur, et le grand séminaire, cette pépinière d'ecclésiastiques instruits qui prendront une si large part dans l'œuvre de régénération du pays !

les salons de son hôtel de la rue du Mont-Blanc.

Je signalerai à l'attention du touriste trois bustes de Canova (Napoléon, roi Joseph, cardinal Fesch) et le tableau de David (Napoléon en manteau impérial).

Dès 1806, le cardinal Fesch travaillait au plan d'un grand établissement qu'il voulait créer sous le titre de Lycée des Arts. Contrarié dans ses projets, il ne put faire commencer qu'en 1827 le bâtiment qui s'élève sur le bord de la mer (quartier Saint-Roch).

D'après ses dernières volontés, ce bâtiment devait être à l'installation d'un couvent de Passionnistes, sous l'invocation *Deo uno et trino*. Des raisons politiques s'opposèrent à la réalisation de ces vœux, et, après une foule de péripéties, le roi Joseph, héritier de Son Éminence, a cédé l'établissement à la commune.

Le corps principal est affecté au collége communal (collége Fesch).

L'aile de droite contient le musée (1); à gauche et

(1) Au rez-de-chaussée, la bibliothèque du Cardinal; au premier les galeries. La sculpture, est représentée par les plâtres des chefs-d'œuvre de la statuaire, que Son Éminence avait fait mouler avec soin pour son lycée. (Le Laocoon, l'Apollon du Belvédère, le Gladiateur mourant au Capitole, les trois Grâces de la cathédrale de Sienne, les Lions de Canova.)

La peinture compte un millier de tableaux destinés aussi en principe aux élèves du lycée.

Chaque siècle, chaque école, se trouvent représentés par des ébauches quelquefois originales, par des copies souvent médiocres.

Les meilleurs tableaux sont attribués à Lanfranc, Luc Giordano, Cigoli, Pierre de Cortone et Joseph Vernet.

parallèlement s'élève une chapelle d'un goût simple et sévère (1).

Le milieu de la cour est occupé par la statue en bronze du cardinal (œuvre peu réussie de Vital Dubray).

Le cours Napoléon présente à son entrée, d'un côté la caserne, de l'autre la maison du général Fiorella, l'un des glorieux compagnons du général Bonaparte (2).

Plus loin, cet hôtel de la Préfecture, entouré de bois d'orangers, que Valery trouvait *trop grand et trop fastueux pour une île pauvre.*

Viennent ensuite le théâtre Saint-Gabriel (prénom du comte de Lantivy, qui en posa la première pierre), et le charmant hôtel d'un autre vaillant soldat de l'Empire (général Tiburce Sébastiani, colonel à Waterloo), avec son délicieux parc en amphithéâtre, couvert d'arbres magnifiques.

Le boulevard de ceinture s'étend de la place du Marché au chantier de construction de la compagnie Armand. De jolies maisons, à façade sur la mer, vont bientôt cacher les masures qui constituaient le faubourg.

Le cours Napoléon est une belle et large avenue taillée dans le granit plantée d'orangers, et qui se continue, à partir de la fontaine de Canneto à travers de beaux ombrages de platanes et d'ormeaux.

(1) C'est là que reposent, dans une crypte circulaire placée au-dessous du chœur, les cendres de Madame Mère (*Mater regum*), du cardinal Fesch et du prince Charles de Canino.

(2) « Le général Fiorella, nommé général de division, commandera les troupes françaises dans la Lombardie. » (Milan, 14 nov. 1797. — *Correspondance.*)

Le cours Grandval commence à la place du Diamant, pour atteindre la grotte Napoléon.

Ce nouveau quartier est destiné au plus brillant avenir.

Sur la gauche, semblent se balancer au milieu des oliviers et des amandiers quatre jolis cottages, construits avec tant de désintéressement par une réunion de hauts personnages, qui, s'associant à la patriotique initiative prise par M. le comte Bacciochi, ont bien voulu accepter la tâche de créer à Ajaccio une station d'hiver.

Les liens d'amitié qui m'unissent au comte ne me permettent pas de rappeler ici ce qu'il avait déjà fait pour la ville qui l'a vu naître, et ce qu'il se propose de faire encore. Aussi les Ajacciens ne laissent-ils échapper aucune occasion de lui témoigner leur reconnaissance.

Les promenades, cet élément indispensable de bien-être pour les valétudinaires, sont aussi délicieuses que variées et faciles. Au milieu d'un printemps continuel, quel aspect pittoresque et agréable que celui de ces campagnes, de ces vignobles d'où se détachent les *pergoliti des Baroni* (espèce de guérites en feuillage pour les gardes champêtres), et les blanches coupoles qui rappellent les tombeaux musulmans du Bosphore, et donnent au pays un cachet semi-oriental!

Avec le boulevard Lantivy se continue cette ravissante promenade qui côtoie le golfe, en passant par la place Miot et la chapelle des Grecs, pour se prolonger jusqu'aux îles Sanguinaires, où elle se reliera plus tard à la route impériale de ceinture de l'île, après avoir été rattachée par un embranchement au cours Grandval.

Là où finit le cours Napoléon, commence la route impériale d'Ajaccio à Bastia, plantée d'arbres des deux côtés, et qui, ouverte par le comte de Marbeuf, avait si vivement éveillé la sollicitude de Napoléon (1).

Elle suit en serpentant les sinuosités du golfe pendant 3 kilomètres, et elle se dirige ensuite, par des pentes de plus en plus raides, vers les montagnes de Bocognano.

Sur sa gauche, au-dessus de la courbe qui dessine le fond du golfe, s'étalent le parc ravissant du château Bacciochi, aux gracieuses tourelles, à l'opulente hospitalité, et les plantations de mûriers de la Pépinière, autrefois Jardin Botanique, riche des plus rares collections végétales des latitudes méridionales.

Trois routes secondaires se détachent de cette grande artère pour former de charmantes promenades, courant

(1) Lettre à Miot (15 janv. 1801). Le ministre de l'intérieur doit dépenser en l'an IX, 200,000 fr. pour travailler à la route d'Ajaccio à Bastia. Pas de travaux chimériques, mais une bonne route de manière que les voitures de l'artillerie puissent traverser l'île.

On emploiera en l'an X les 500,000 fr. que l'on estime nécessaires pour l'achever.

J'attache un très-grand prix, sous le rapport commercial et militaire, à ce que la grande route soit terminée. — Le ministre de la guerre fera passer en Corse 1,000 prisonniers autrichiens pour travailler à cette route.

(Lettre à Chaptal, 14 sept. 1802.) — Destiner une somme de 200,000 fr., en l'an XI, pour achever la route d'Ajaccio à Bastia.

(Lettre à Chaptal, oct. 1802.) — Donner au grand chemin de la ville à Sainte-Lucie 64 pieds de largeur. (*Correspondance.*)

à travers des coteaux couverts de vignes et d'oliviers, des vallons plantés d'orangers, de citronniers et de grenadiers.

L'une part de la chapelle de Sainte-Lucie, et se perd dans les gorges de Saint-Antoine, pour reparaître sur le plateau où a été construit le pénitencier agricole de Castelluccio.

L'autre, qui conduit aux villages d'Alata et de Villanova, contourne la pittoresque colline de Castelvecchio, et côtoie une riche et riante vallée.

La troisième, c'est la route de Sartène et Bonifacio, qui, de la Pépinière, s'élève sur les côteaux d'Aspreto et s'enfonce ensuite dans la montagne.

Si les valétudinaires et les touristes veulent donner un but à leurs promenades, il leur sera très-facile de satisfaire leurs goûts et leurs préférences.

Dans les environs de la ville s'élèvent plusieurs chapelles modestes, petits sanctuaires en grande vénération parmi les habitants. Chacune a sa légende, chacune possède ses vertus particulières.

La chapelle des Grecs, construite par la famille Leca, est dédiée à Notre-Dame du mont Carmel; les autres sont sous l'invocation de sainte Lucie, de Notre-Dame de Lorette, de saint Antoine, de saint Joseph.

Les amateurs de souvenirs historiques visiteront avec intérêt les Melelli, la plaine de Campo di l'Oro et le pont d'Ucciani.

Les Melelli sont une propriété rurale qui appartenait au cardinal Fesch; elle est couverte d'oliviers et d'amandiers d'une élévation peu commune, du milieu desquels s'élance un chêne vert, plusieurs fois séculaire, au pied duquel le jeune Napoléon se plaisait à lire et à méditer. C'est des Melelli qu'est datée sa lettre au comte Matthieu Buttafuoco, député de la noblesse à l'Assemblée nationale, connu par son opposition aux idées de 1789 (1). Les pensées du martyr de Sainte-Hélène ont dû se reporter sur ces souvenirs d'enfance, alors que, cherchant à abriter sa tête contre les ardeurs d'un soleil tropical, il s'écriait : « Ah! docteur! un chêne, un chêne! »

J'ai déjà eu occasion de faire mention de la plaine de Campo di l'Oro, fécondée par le sang des bergers de la Bastellicaccia. La légende raconte l'héroïque exploit d'une poignée de ces montagnards, qui repoussèrent huit cents Grecs et Génois de la garnison d'Ajaccio. Enveloppés plus tard dans les marais du Ricanto, les malheureux pâtres y furent tous tués, à l'exception d'un seul homme, qui fut promené dans les rues de la ville, chargé des têtes de six de ses parents, puis coupé par quartiers et exposé pendant plusieurs jours sur les fortifications du prœside.

(1) Les quatre lettres de J. J. Rousseau sur les lois à donner à la Corse, sont adressées au capitaine Buttafuoco. C'est lui qui avait offert au philosophe de Genève un asile que ce dernier, alors en butte aux tracasseries du roi de Prusse, avait été sur le point d'accepter, ainsi que cela résulte de ce passage d'une lettre de 1765 :

« Je sais un asile digne de moi, et dont je ne me crois pas indigne : c'est parmi vous, braves Corses, qui savez être libres, qui savez être justes, et qui fûtes trop malheureux pour n'être pas compatissants ! »

Le célèbre Volney, prévoyant toutes les ressources que l'on pouvait tirer d'une plaine traversée par un cours d'eau qui déposait sur ses bords un limon fécondant, en avait acheté une partie (*la Confina*) pour y introduire les cultures de nos colonies, et plus particulièrement l'indigo, le café, la canne à sucre.

Malheureusement pour le pays, Volney voulut se présenter aux suffrages des Corses comme candidat à la Convention nationale. Éconduit par l'influence du général Paoli, le philosophe eut la faiblesse de se venger de son échec, en publiant *ab irato*, dans le *Moniteur*, des articles on ne peut plus malveillants sur la Corse.

Le pont d'Ucciani se fait remarquer par la hardiesse avec laquelle l'arche unique dont il se compose, a été jetée sur le torrent impétueux qui roule du mont d'Oro. C'est là que le vainqueur d'Esling et le roi Bernadotte reçurent leurs galons de caporal. Les archives de la Préfecture contiennent un grand nombre de copies délivrées par le caporal de Royal marine, détaché comme greffier près du Juge d'Ajaccio!

Les personnes qui ne craignent pas de voir de trop près quelques-unes de nos misères humaines voudront visiter : La colonie agricole de Saint-Antoine, pour les jeunes détenus, et l'établissement pénitentiaire de Chiavari.

J'aurais voulu entrer dans des détails qui n'auraient peut-être pas manqué d'intérêt ; mais chaque jour voit se réaliser tant de progrès, que ce qui est aujourd'hui ne sera probablement plus demain.

Ajaccio est le berceau de la famille Bonaparte.

Voici ce que le *Mémorial de Sainte-Hélène* dit de chacun de ses membres :

« Tous mes frères se sont trouvés trop forts pour s'abandonner aveuglément à un conseiller moteur, et pas assez pour pouvoir s'en passer tout à fait.

Joseph (roi de Naples et d'Espagne), par tous pays, serait l'ornement de la société.

Lucien (président du conseil des Cinq-Cents au 18 brumaire), celui de toute assemblée politique.

Louis (roi de Hollande) eût plu et se fût fait remarquer partout.

Jérôme (roi de Westphalie), en mûrissant, eût été propre à gouverner. Je découvrais en lui de véritables espérances.

Ma sœur Elisa (grande duchesse de Toscane) était une tête mâle, une âme forte ; elle aura montré beaucoup de philosophie dans l'adversité.

Caroline (reine de Naples) est fort habile et très-capable.

Pauline (princesse Borghèse), la plus belle femme de son temps peut-être, a été et demeurera jusqu'à la fin la meilleure créature vivante.

Quant à ma mère (madame Lœtizia), elle est digne de tous les genres de vénération. »

J'emprunte aussi au *Mémorial* quelques passages qui rattachent le grand Empereur à son pays natal par les faits ou par la pensée.

Les Bonaparte étaient originaires de cette belle Toscane qui a donné au monde le Dante, Michel-Ange, Machiavel et Galilée.

Napoléon est né le 15 août 1769, jour de l'Assomption.

Sa mère, Lætitia Ramolino, avait éprouvé les premiers symptômes de la grossesse sur le monte Rotondo, ce pic élevé de l'île, d'où le regard plonge tour à tour dans l'infini du ciel et l'immensité des mers. Prise par les douleurs de l'enfantement vers midi, au sortir de l'église, elle déposa le merveilleux enfant sur un de ces vieux tapis antiques, à grandes figures des héros de l'Iliade.

Napoléon, dans sa toute petite enfance, était turbulent, adroit, vif, preste à l'extrême.

A dix ans, on le trouve à Brienne, doux, tranquille, appliqué, d'une grande sensibilité.

A l'âge de la puberté, il devient sombre et morose (1).

Lorsque Paoli conduisit le jeune officier d'artillerie à Ponte-Nuovo, celui-ci lui fit des observations stratégiques si profondes que le général s'écria : « Napoléon,

(1) Voici un portrait poétique tracé par Ottavi :

« Une parfaite régularité de traits, rehaussée par un front olympien ; une teinte d'une pâleur ardente et safranée, des yeux bleu de ciel capables de contenir l'infini ; des cheveux plats, inflexibles comme la destinée ; un ensemble de figure mobile... toujours beau, même dans la colère, même dans la douleur...

« Il faut de l'enthousiasme pour cette nature immense qui a reflété avec une puissance gigantesque toutes les faces de son époque, et qui seul, dans les temps modernes, a conquis une popularité universelle dans les Deux-Mondes. »

tu n'as rien de moderne, tu appartiens tout à fait à Plutarque. »

Commandant les volontaires du Liamone, Napoléon évita à la ville d'Ajaccio de grands malheurs ; mais, en 1793, quand il put soupçonner que le vieillard qui lui était si cher avait le projet de livrer l'île aux Anglais, il le combattit à outrance.

Napoléon n'oublia jamais son pays natal, mais il le connaissait trop bien pour entreprendre de le civiliser avec des moyens insuffisants. Il voulait y employer trente millions et trente mille hommes. « *Je voulais l'améliorer, la rendre heureuse.....* »

« La Corse, dit le comte Las Cases, avait pour lui mille charmes. Il en détaillait les grands traits, la coupe hardie de sa structure physique. Il s'y voyait dans ses premières années, à ses premières amours. Il s'y trouvait dans sa jeunesse, au milieu des précipices, franchissant les sommets élevés, les vallées profondes, les gorges étroites ; recevant les honneurs et les plaisirs de l'hospitalité, parcourant la ligne des parents dont les querelles et les vengeances s'étendaient jusqu'au septième degré.

« Le projet d'une souveraineté de l'île était alors caressé par lui... »

Je termine en rappelant une de ces pages qui devraient être inscrites en lettres de bronze, sur un bloc de granit orbiculaire :

« La paix de Moscou, accomplissait et terminait mes expéditions de guerre...

« La cause du siècle était gagnée, la révolution accomplie. Je devenais l'arche de l'ancienne et de la nouvelle alliance, le médiateur naturel entre l'ancien et le nouvel ordre de choses. J'avais les principes et la confiance de l'un; je m'étais identifié avec l'autre, j'appartenais à tous les deux.

« J'aurais fait en conscience la part de chacun; ma gloire eût été dans mon équité!!! »

Joseph Fesch est né à Ajaccio le 3 janvier 1763; son père, capitaine dans un régiment suisse au service de la France, avait épousé dona Angela Maria Pietra Santa, veuve du noble Ramolino, à qui elle avait donné une fille qui épousa Charles Bonaparte et fut Madame Mère.

Quoique fils unique, Joseph Fesch voulut embrasser la carrière ecclésiastique, et ce fut Monseigneur Doria, évêque d'Ajaccio, qui lui conféra les ordres sacrés.

Nommé dans les premiers mois de l'Empire archevêque de Lyon et primat des Gaules, il fut bientôt créé cardinal, au titre presbytéral de Sainte-Marie de la Victoire.

Reçu à Rome, en 1815, par le pape Pie VII, il s'éteignit dans le palais Falconieri, à l'âge de 77 ans (13 mai 1839), entouré de la plus grande considération.

J'ai rappelé toutes les œuvres bienfaisantes dont la ville d'Ajaccio est redevable à Son Eminence.

Les précieuses collections qu'il a laissées prouvent combien était profond dans son âme le sentiment du beau.

Pendant tout le cours d'une longue vie, le cardinal a été fidèle à cette maxime, qui aurait honoré le plus grand philosophe :

« Celui-là seul mérite l'estime et l'amour de ses concitoyens, qui a su faire le bien, en évitant le mal et les inimitiés, même au sacrifice de son amour-propre. » (*Lettre de Joseph Fesch*, 24 ventôse an IX.)

Puisse le souvenir de tant de bienfaits vivre éternellement, de générations en générations, dans le cœur des Ajacciens !

Je n'ai pas la prétention de tracer ici l'histoire d'Accio ; je veux seulement réunir quelques-uns des principaux faits relatifs à la ville, me réservant d'en étudier l'ensemble dans le chapitre consacré à l'histoire générale de la Corse.

Nous savons déjà combien il est difficile d'assigner une époque précise à la fondation d'Urcinium ; il s'est même élevé des controverses sur sa position géographique, et quelques auteurs, recommandables d'ailleurs, l'ont placée le long du Liamone à Sari d'Orcino.

D'autres historiens font dériver son nom des *urci*, poteries ou vases construits par les habitants ; cette étymologie est aussi très-contestée : rien ne prouve que les urnes funéraires de la cathédrale de Saint-Jean fussent fabriquées sur place.

Quoi qu'il en soit, l'ancienne Urcinium se trouve mentionnée sous ce nom dans les lettres du pape Grégoire le Grand ; mais hâtons-nous d'arriver à une époque moins reculée.

En 1420, Alphonse d'Aragon fut accueilli avec d'autant plus d'empressement par les habitants, que la république de Gênes ne s'était attaché cet important prœside par la concession d'aucun privilége.

C'est sur son territoire que de Lecca battit en 1456 le Génois delle Treccie. Notre illustre historien Pietro Cyrneo, donnant à cette bataille une importance considérable, parle du chiffre (à coup sûr exagéré) de 4,000 prisonniers : malheureusement delle Treccie, secouru par des forces imposantes, prit bientôt sa revanche, enleva le château de Lecca et passa la garnison au fil de l'épée.

Vers la fin du quinzième siècle, les habitants d'Urcinium quittent l'endroit où sont aujourd'hui les vignes de Saint-Jean, pour se porter à 2 kilomètres sur la pointe actuelle, selon les uns par des raisons d'agrandissement, selon les autres par des motifs de salubrité ; toujours est-il qu'à cette époque (1501) Paolo de Pietra Santa, représentant l'office de Saint-Georges, dota la ville du château et du mur d'enceinte, qui lui permirent de repousser, en 1506, les attaques des barbaresques.

En 1553, Sampiero vint camper devant Ajaccio avec l'avant-garde de l'armée française, commandée par le maréchal de Thermes, alors allié avec le fameux corsaire Dragut, amiral de Soliman.

Malgré la capitulation de la place, elle fut livrée au pillage par les Corses auxiliaires.

Des Ursins la dédommagea plus tard, en la traitant avec plus d'égards que les autres prœsides. Il dota la ville de notables embellissements, répara les fortifications, et fit élever de nouveaux bastions. Ces mesures de guerre permirent aux Génois de résister à deux tentatives faites par les nationaux (pendant la guerre de Quarante ans) pour s'en emparer.

En 1739, Luc d'Ornano en commença le siége, au nom du roi Théodore; mais la flottille du célèbre aventurier ayant été jetée par la tempête sur les côtes de Naples, elle ne put appuyer les opérations d'Ornano, qui se vit contraint de s'éloigner de la place.

Quelques années après (1763), le général Paoli chercha à se rendre maître de la ville par surprise; il s'était ménagé des intelligences parmi les habitants, mais le principal conjuré ayant pénétré dans la citadelle avant l'heure convenue, fut frappé de mort au moment où il s'élançait sur les poudres pour y mettre le feu.

En 1769, le comte de Marbeuf institue dans la ville une cour prévôtale et un tribunal d'amirauté qui embrassait dans son ressort Bonifacio et Porto-Vecchio, ainsi que les golfes de Valinco et de Sagone.

Ajaccio eut sa part des troubles qui agitèrent la Corse durant la révolution. Au commencement de 1794, elle tomba par trahison aux mains de Paoli, qui venait de se séparer de la France.

« Douze ou quinze mille paysans (dictée de Napoléon à Sainte-Hélène) fondirent des montagnes sur Ajaccio. Notre maison fut pillée et brûlée, les vignes perdues, les troupeaux détruits.

« Madame, entourée d'un petit nombre de fidèles, fut réduite à errer quelque temps sur la côte, et dut gagner la France.

« Paoli, à qui notre famille avait été si attachée, et qui lui-même avait toujours professé une considération particulière pour Madame, Paoli avait essayé près d'elle la persuasion avant d'employer la force. Madame répondit en héroïne, et comme eût fait Cornélie, *qu'elle ne connaissait pas deux lois ; qu'elle, ses enfants, sa famille, ne connaissaient que celle du devoir et de l'honneur.* »

Pendant que ces événements se passaient, Napoléon était gardé à vue par les montagnards à Bocognano. Ayant pu tromper la vigilance d'un vieux capitaine, il saute sur un cheval, arrive à Ajaccio, pour de là rejoindre à Calvi le représentant du peuple. Il accepta avec empressement la proposition que lui fit Lacombe Saint-Michel, d'aller avec lui enlever la place aux Paolistes. Lacombe vint s'embosser avec deux frégates en face de la citadelle; mais, au premier boulet que lui envoya la garnison, il donna ordre de prendre le large, au grand regret du jeune officier d'artillerie. La ville demeura pendant deux ans au pouvoir des Anglo-paolistes, qui l'évacuèrent en même temps que les autres places de l'île, dans l'automne de 1796.

L'année suivante, la tranquillité d'Ajaccio fut de nouveau troublée d'une manière assez grave : après la crise de fructidor an VI, une foule d'émigrés étaient rentrés dans l'île. Ils s'organisèrent en bandes sous le nom de catholiques royaux, et tinrent durant deux ou trois mois la campagne, surtout dans le département du Liamone ; deux cents d'entre eux poussèrent même l'audace jusqu'à venir camper sous les murs d'Ajaccio, mais les républicains firent une sortie, enlevèrent leurs positions et les dispersèrent. Deux ans plus tard (22 septembre 1799), une frégate entrait à pleines voiles dans le port : c'était la *Muiron*, qui revenait d'Égypte et avait échappé comme par miracle aux croisières anglaises ; toute la population de la ville accourut à bord pour contempler de près le vainqueur d'Arcole et de Giseh, au milieu du brillant cortége de ses lieutenants, parmi lesquels on distinguait Lannes, Berthier, Eugène et Murat. Napoléon passa six jours dans sa ville natale qu'il ne devait plus revoir. Quant à Murat, il y revint. Ce fut dans le port d'Ajaccio que, dans la nuit du 28 au 29 septembre 1815, il appareilla pour la Calabre. Sa flottille se composait de six petits bâtiments montés par deux cent cinquante hommes. On sait quelle fut l'issue de cette téméraire expédition !

DEUXIÈME PARTIE

LA CORSE.

CHAPITRE Ier.

GÉOGRAPHIE DE LA CORSE.

> L'aspect général du pays est pittoresque et sauvage. Des rochers sourcilleux, des forêts séculaires, des torrents mugissants, les deux mers mêlant le bruit de leurs flots à leurs eaux turbulentes, les vieilles tours arabes, devenues télégraphes des Romains, se montrant de distance en distance comme des vestiges d'une civilisation plus avancée..... Au milieu de cette nature originale et caractéristique, tout concourt à jeter l'homme dans la méditation et l'admiration.

Vue de loin en pleine mer, la Corse paraît un point dans l'espace entouré d'îles moins grandes, la *Gorgona*, *Capraja*, *Elbe*, *Monte-Christo* et *Giglio*. Elle présente l'aspect d'une énorme pyramide formée par les montagnes qui, à la faveur de l'éloignement, se groupent comme si elles étaient adossées les unes aux autres.

L'île de Corse, Κύρνος, Καλίστα, Θεράπνη, *Corsica* des anciens, forme aujourd'hui un département de l'empire français, et le plus considérable par son étendue (1).

Située au centre de la Méditerranée, elle se trouve à portée presque égale de la France, de l'Italie et de l'Espagne (2).

Sa position géographique se détermine par :

Latitude nord :

41° 21′ 4″ *Cap de Cala Fiumara*, au sud, et 43° 0′ 42″ point du *cap Corse*, au nord (3).

Longitude ouest :

6° 11′ 47″ *Cap Rosso*, extrémité occidentale.

7° 13′ 6″ *Torre fiorentina*, à l'est.

Sa population est de 252,183 habitants.

MONTAGNES. — A mesure que l'on s'approche des côtes, l'on distingue dans cette masse un système déterminé.

L'île est traversée dans toute sa longueur du nord au sud, à peu près dans sa partie centrale, par une chaîne de montagnes dont les principaux sommets, surpassant de beaucoup les hauteurs des Vosges et du Jura, atteignent presque l'élévation des pics de la chaîne des Pyrénées. — Cette chaîne divise l'île en deux ver-

(1) Superficie, 874,762 hectares. — 40 lieues de longueur sur une largeur inégale de 7 à 18 lieues.

(2) A 9 myriamètres du continent italien,
18 du littoral de la France,
46 des plages d'Afrique,
60 des côtes d'Espagne.

(3) C'est à peu près la longitude de Gènes et la latitude de Rome.

sants. En diminuant graduellement du côté de l'est, elle se termine en plaines : à l'ouest, ces montagnes s'élèvent à pic sur un rivage toujours miné et battu par la mer.

D'après les observations des géologues modernes, le système de soulèvement des montagnes de la Corse, dans sa direction du nord au sud, appartiendrait au dixième soulèvement du globe.

M. Élie de Beaumont, qui assigne le soulèvement des Alpes à la troisième période jurassique, crétacée et tertiaire, pense que c'est à la quatrième époque, entre les périodes éocène et miocène, que s'est opéré celui des montagnes de la Corse et de la Sardaigne.

L'ensemble du système de montagnes de la Corse peut être considéré comme composé de cinq chaînes bien distinctes, rattachées entre elles par des chaînons secondaires (1).

Celle qui part du *cap Corse* (première chaîne du nord) court pendant quelque temps vers le sud, tourne à l'ouest (deuxième chaîne du nord-ouest) jusqu'au *monte Grosso* et reprend ensuite, sous le nom de *Frontagna*, sa première direction.

Parvenue à ce point, elle incline au sud-ouest jusqu'à la hauteur du golfe de *Porto* (troisième chaîne centrale), puis se courbe vers le sud-est jusqu'à la gorge

(1) Ces montagnes ne sont pas taillées sur les gigantesques proportions des Alpes; on n'y voit pas ces grands phénomènes de la nature qui donnent lieu aux glaciers, aux beaux lacs et aux cascades; c'est quelque chose de bien plus rude et de bien plus sauvage. (Docteur DONNÉ.

de *Vizzavona* (quatrième chaîne de l'est), et de là se dirige en droite ligne vers la plage de *Bonifacio* (cinquième chaîne du sud), où la pointe appelée le *Sprono* forme son dernier prolongement.

La nature géologique des deux premières appartient ux terrains calcaires, celle des trois autres, aux terrains granitiques.

Des terrains tertiaires ou d'alluvion se présentent à Saint-Florent, Bastia, Prunelli, Bonifacio.

Le versant oriental donne lieu à des plaines spacieuses, que les attérissements de la mer et l'alluvion des cours d'eau fécondent sans cesse; tirées au cordeau, elles s'épuisent en productions inutiles et spontanées, alors qu'elles pourraient nourrir la moitié de la population de l'île.

Le versant occidental est creusé de golfes, de baies, qui offrent de précieux mouillages, et dentelé de promontoires et de caps.

Voici la hauteur et la position géographique des principales montagnes de l'île :

Monte Azinao, au-dessus du torrent de Rizzanese..	1,823m
Monte Cinto, entre les sources du Golo et celles d'Asco....................................	2,399
Monte Incudine, au-dessus des sources de Rizzanese et du Travo....................................	2,055
Monte Grosso, au-dessus du Fiumesecco.........	1,860
Pointe *Mantelluccio*, sur le rameau qui sépare la vallée du Prunelli de celle du Taravo, au sud de Bastelica....................................	1,535
Monte Paglia Orba, entre les sources du Golo et celles du Fango....................................	2,649

Monte Renoso, entre les sources de la Gravona, du Prunelli et du Fiumorbo	2,251	
Monte Rotondo, toujours couvert de neiges, au-dessus des sources de la Restonica	2,763	(1)
Pointe *Saint-Éliseo*, au-dessus des sources de la Liscia entre le Cruzini et la Gravona	999	
Monte Tafonato, sur le contrefort qui sépare la vallée de Golo de celle d'Asco, à l'ouest de Castiglione	2,196	(2)
Col de Vizzavona, entre Becognano et Vivario : point culminant de la route d'Ajaccio à Bastia	1,144	
Col San-Giorgio, chemin d'Ajaccio à Sartene, sur le rameau qui sépare la vallée du Prunelli de celle du Taravo	661	

COURS D'EAUX. — D'après ce qui précède, l'on comprend que les cours d'eaux qui arrosent l'île doivent être considérés plutôt comme des torrents que comme des fleuves proprement dits.

Les plus considérables sont, à l'est : le *Golo*, le *Tavignano* et le *Fiumorbo*; à l'ouest, le *Liamone*.

L'hydrographie de la Corse a été divisée en six grandes régions, chacune d'elles se subdivisant en bassins et en vallées.

1° Centre et est : trois bassins :

(1) Cette vue domine toute la Corse ; l'œil découvre les côtes de France et d'Italie depuis Nice jusqu'à Civita-Vecchia, les Alpes, les Apennins, la Sardaigne, Capraja, l'Elbe et Monte-Christo. L'ascension en est aussi pénible que périlleuse.

(2) Cette montagne présente une ouverture de plusieurs mètres à son sommet ; lorsque le soleil disparaît derrière les hautes montagnes, l'on voit tout à coup des rayons percer à travers cette ouverture. — Une légende du Niolo raconte que dans la chaleur d'une discussion survenue entre le démon et saint Martin, celui-ci, dans un accès de colère, aurait lancé son marteau sur la montagne, qui se serait ouverte à l'endroit frappé par le fer.

Golo-Tavignano-Fiumorbo.

Le *Golo* est le plus grand torrent de l'île ; dans l'extrême sécheresse, il peut encore fournir 111 mètres cubes par minute ; il prend sa source dans les flancs abruptes des monts Tafonato et Vagliorba, et, après un cours de 84 kilomètres, il se jette dans la mer Thyrrénienne ; navigable pour des petits navires dans la dernière partie de son cours, il a pour tributaires : l'*Asco*, le *Tartaggine*, la *Navaccia*.

Le *Tavignano* sort du lac Nino (cours de 80 kilomètres, direction est, sud-est), se jette à la mer près d'Aleria, y versant environ 80,000 mètres cubes d'eau par minute ; torrents tributaires : *Restonica-Vecchio-Tagnone*.

Le cours du *Fiumorbo* est très-sinueux, sur un parcours de 43 kilomètres.

Il prend sa source dans les montagnes de Serra d'Ese et donne naissance aux vallées de l'*Abatesco*, du *Travo* et de la *Solenzara*, parcourues par des torrents du même nom, ses tributaires.

2° La région hydrographique du sud-est ne contient que les torrents de *Sainte-Lucie*, *d'Oso*, et de *Guardiena*, qui parcourent les vallées littorales du même nom.

3° La région du sud-ouest n'a aussi que des torrents :

L'*Ortolo*, le *Rizzanese*, le *Taravo* (golfe de Valinco), la *Gravona* et le *Prunelli* (golfe d'Ajaccio).

4° Région de l'ouest.

Le *Liamone* est presque un fleuve, eu égard à la grande quantité d'eau qu'il porte à la mer ; il descend du monte Retto, situé dans la région neigeuse des Alpes corses, à peu de distance du Tavignano. Après un cours tortueux, rapide et fort accidenté, de trente-six kilomètres, grossi par le *Cruzini* et le *Grosso*, il verse dans le golfe de Sagona ses eaux devenues lentes et marécageuses.

5° Région du nord-ouest.

Les importantes vallées des riches provinces de la Balagne et du Nebbio sont traversées par le *Fango* et l'*Aliso*.

Le *Fango* descend des flancs de l'Arghiaminuta, l'un des pics les plus élevés de la chaîne centrale : arrivé à Filorsoma, point central de la vallée, il reçoit la *Sposata* et se jette, après un cours de vingt-cinq kilomètres, dans le port de Galeria.

L'*Aliso*, qui prend naissance dans la gorge de Tenda, se déverse dans les marais du golfe Saint-Florent (cours de vingt kilomètres).

6° La région du nord comprend toutes les petites vallées du cap Corse.

A l'est, le *Miomo* traverse la vallée de Lota, près de Bastia ; les torrents *Brando*, *Sisco*, *Pietra Corbava*, *Cagnano*, *Luri* et *Meria* donnent leurs noms aux vallées qu'ils parcourent.

Au nord, le *Granajolo* dans la vallée d'Ersa, et l'*acqua d'Inchiese* qui se jette à la mer près de la marine de *Barcajo*.

Finalement, à l'ouest, et du nord au sud, les torrents de *Centuri*, *Morsiglia*, *Aliso*, traversent les vallées étroites du même nom, tandis que l'*Agadera*, le *Tita leccia*, le *Mulinaccio*, sillonnent celles de Pino, Olmeta et Farinole.

LACS. — La Corse n'a pas de glaciers.

La région montagneuse de l'île contient, comme enfermés dans des coupes de granit et de porphyre, des lacs d'eau douce, le plus souvent inaccessibles, et qui donnent naturellement origine aux torrents ci-dessus énumérés.

Sept d'entre eux sont sur les Alpes corses, et précisément sur le monte Rotondo et ses contreforts.

Le *Rotondo*, le plus grand de tous, creux, limpide, traversé par le Vecchio ; il est pendant huit mois de l'année enfoui sous la neige ; l'*Oriente*, le *Melo*, le *Goria*, le *Pozzolo*, le *Rinoso*, le *Nielluccio*.

Le *Creno*, grave, profond, mugissant, mystérieux, chanté dans les légendes, séjour d'été des foulques et des canards ; il alimente à la fois l'un des tributaires du Liamone et le Tavignano.

L'*Ino*, jeté sur des rochers (flanc est du monte Retto), est profond, peuplé de truites, avec de brillantes cascatelles.

Autour du monte Renoso se trouvent d'autres petits lacs, parmi lesquels se distinguent le *Rino supérieur* et le *Rino inférieur*, tous les deux entourés d'excellents pâturages.

Étangs et marais. — Les principaux étangs sont situés naturellement dans les plaines orientales, à l'embouchure des torrents les plus considérables.

L'étang de *Biguglia* (trois lieues de long, une demi-lieue de large, surface de 3,000 hectares), ancien port des Pisans, à l'embouchure du Bevinco, peuplé d'excellentes et énormes anguilles (*capotti*, que l'on transporte à Naples pour la semaine sainte) et des célèbres *ragnoles* expédiées sur les marchés de Livourne.

L'étang de *Diana*, ancien port d'Aleria (huîtres délicieuses, *ostrea limosa*).

L'étang d'*Urbino*, entre les bouches du Tavignano et du Fiumorbo.

Les étangs de *Palo*, de *Balistro*, de *Porto Vecchio*, aux embouchures du Travo et du Tavignano.

Sur la côte occidentale, on rencontre :

L'étang de *Táravo* (rive droite du torrent de ce nom).

Les marais de *Peri* et de *Chioni*, au fond des golfes de ce nom.

Les marais de *Calvi* et de *Saint-Florent*, aux embouchures de la Ficarella et de l'Aliso.

Golfes. — La disposition des montagnes de la Corse a déterminé nécessairement la forme générale et primitive des côtes.

Les torrents, sur la côte orientale, portent à la mer la plus grande quantité des matériaux pour les atterrissements.

Le courant littoral de la Méditerranée, dirigé du sud-est au nord-ouest, reçoit dans le canal de la Corse ces matières, et il les dépose parallèlement à la côte, abritée par le continent italien contre la violence des vagues et des vents.

Ces conditions tendent à accroître le rivage, et à en effacer les sinuosités.

Sur la partie occidentale, par contre, existent toutes les causes de destruction qui minent sans cesse les bords escarpés, et creusent les ports et les baies.

Peu de spectacles sont plus admirables que celui de ces magnifiques et nombreux golfes parsemés sur les rivages de l'île.

La rade de *Saint-Florent* est aussi belle que celle de Toulon.

Porto Vecchio pourrait rivaliser avec Brest.

Dans la crique de *Bonifacio*, les navires sont garantis du vent jusque par-dessus leurs mâts.

Les mouillages de *Figari* et de *Santa-Manza* sont des plus sûrs.

Les golfes d'*Ajaccio*, de *Galeria*, de *Porto*, de *Valinco*, de *Girolata*, peuvent abriter toutes les escadres de l'Empire.

Géologie. — Comme on l'a vu plus haut, c'est à la quatrième époque, entre les périodes éocène et miocène que remonte le soulèvement des montagnes de la Corse. D'après les recherches de MM. Élie de Beaumont, Raynaud et Gueymard, ce soulèvement s'est opéré en trois fois.

Les terres qui ont paru les premières au-dessus de la surface de la Méditerranée sont celles qui constituent les parties occidentales et méridionales de l'île. Ce soulèvement primitif a eu lieu dans la direction générale du nord-ouest au sud-est, et la matière qu'il a portée à la surface se compose plus particulièrement de terrains granitoïdes.

Le second soulèvement, à peine reconnaissable, s'est opéré dans une direction coupant à angle droit le précédent. En effet, à mesure que l'on se dirige vers le nord-est, les terrains primordiaux granitoïdes se transforment, pour se convertir en ophiolitiques.

Le dernier soulèvement, du nord au sud, a eu pour résultat ultime le désordre jeté à ces différents points, et la destruction presque complète de la partie sud du soulèvement primitif.

Les roches fondamentales qui le caractérisent sont primordiales ophiolitiques et primordiales calcaires.

D'après Gueymard, les terrains primitifs qui occupent la partie du sud et de l'ouest de l'île sont presque entièrement granitiques : près de leurs limites, ils renferment quelques couches de gneiss et de schistes.

Les terrains intermédiaires occupent le cap Corse et la partie orientale de l'île ; les terrains tertiaires ne s'aperçoivent que sur des points isolés (golfe de Saint-Florent ; Volpajola sur la rive gauche du Golo ; entre l'embouchure de l'Alistro et du Fiumorbo).

Diluvium. — « On peut rapporter aux terrains d'atterissement ceux des plaines de la côte de l'est. La plaine de Biguglia, par exemple, a été formée par une de ces vastes inondations qu'on a désignées sous le nom de *courants diluviens,* et qui ont détruit un grand nombre d'espèces d'animaux. » (Reynaud.)

Botanique. — La Corse fait naturellement partie de l'*empire botanique de la Méditerranée*, empire caractérisé par l'abondance des plantes de la famille des *labiées* et des *caryophillées*.

Sa botanique, aussi riche que variée, emprunte ses productions spéciales aux contrées qui l'environnent (Provence, Ligurie, Espagne, Barbarie).

Les lecteurs désireux de plus amples détails trouveront dans l'ouvrage du savant naturaliste Requien la liste des arbres, arbustes, arbrisseaux, sous-arbrisseaux et arbrisseaux grimpants, qui croissent naturellement en Corse.

J'ai déjà eu occasion de faire observer que dans les plaines fertiles du Nebbio, d'Aleria, du Migliacciaro, de Campo di l'Oro, il serait facile de cultiver avec le plus grand succès la *canne à sucre*, le *coton*, le *tabac*, l'*ananas*, la *garance* et l'*indigo*.

Forêts. — Des forêts aussi anciennes que le monde couronnent la ligne de faîte qui s'étend du cap Corse au détroit de Bonifacio. Elles sont au nombre de plus de cinquante, et, sur une étendue de 120,000 hectares, elles comptent plus de deux millions d'arbres, riches des plus belles essences.

La beauté de ces forêts, reconnue dès la plus haute antiquité, avait attiré dans l'île les peuples commerçants de la Méditerranée : c'est par elles que les Pisans étendirent si loin les bienfaits de leur commerce et la terreur de leur marine; c'est aussi de ces forêts que les Génois tiraient leurs bois de construction, et ces galères redoutables auxquelles ils durent longtemps leur grandeur et leur domination.

L'exploitation intelligente et régulière de ces richesses suffirait à tous les besoins de notre marine impériale.

Les forêts les plus remarquables sont celles d'*Aïtone*, de *Vizzavona* et de *Valdiniello*.

La forêt d'*Aïtone* est sans contredit la plus belle et la plus vaste de l'île. C'est là qu'on admire ces superbes *pins larix*, qui, après plus de deux mille ans, n'ont pas dégénéré de leurs ancêtres, loués par Théophraste.

Svelte, mince, élancé, le pin laricio exhale un fort parfum de résine ; dégarni souvent de branches jusqu'à la hauteur de cent pieds, il est couronné par un magnifique bouquet de feuillage, flottant, sonore, agité. Parfois, il atteint 30 mètres de hauteur sur 8 mètres de circonférence; telle est la vigueur de ce puissant laricio qu'il perce, qu'il déchire les plus durs rochers, s'élevant sur des pentes verticales, et se cramponnant à des blocs de granit à peine couverts de terre.

La forêt de *Vizzavona* est jetée sur la haute chaîne de monts qui partage la Corse; le jour y circule à travers de belles colonnades de pins majestueux, et d'énormes hêtres qui tombent de vétusté.

La forêt de *Valdiniello*, dans la vallée du Golo, la plus belle, la plus étendue des trois, se fait remarquer par la richesse de végétation, le site, l'étendue et la variété des espèces. Indépendamment de tous les pins (larix, maritime, pinier, sauvage), elle possède une forte aristocratie de *hêtres*, d'*ifs*, d'*aunes*, de *trembles* et de *bouleaux*.

Les arbres les plus précieux pour la Corse, et les plus productifs, sont le châtaignier (l'arbre à pain du pays) et l'olivier.

Les plus belles châtaigneraies se rencontrent dans la pittoresque province qui s'irradie autour du canton d'Orezza, sous le nom de *Castagniccia*. Rien de plus agréable que les frais ombrages de ces arbres antiques et vigoureux qui fournissent le fruit précieux qui, sous les formes les plus diverses, constitue l'agent principal de l'alimentation de l'homme et des animaux domestiques qui l'entourent.

C'est dans la Balagne (arrondissement de Calvi) que l'on voit les plus beaux oliviers : si l'on pouvait s'en référer à leurs dénominations de *sabins* et de *sarrazins*, on ferait remonter ces deux espèces aux premiers temps de l'histoire : la troisième espèce, le *génois*, sans contredit la meilleure et la plus convenable au climat, a été introduite en Corse par Augustin Doria.

L'olivier corse, selon de Humboldt, résiste plus qu'aucun autre à l'intempérie des saisons ; le fait est que l'hiver de 1709, qui avait détruit tous les oliviers de la Provence, n'avait en aucune manière endommagé ceux de la Balagne, car la récolte de l'année 1710 fut des plus abondantes.

J'ai déjà eu occasion de parler des orangers, des amandiers et de la vigne.

C'est ici le moment de dire deux mots des *Makis*, qui couvrent les trois cinquièmes de l'île, et donnent à la Corse une physionomie et un paysage qui lui sont propres, tout en jouant un rôle considérable dans la vie sociale des habitants.

Sur des racines rapprochées et serrées s'élèvent des cépées touffues, dont les tronçons durs et noueux acquièrent une hauteur de plusieurs mètres. Les essences, les arbustes et arbrisseaux, qui les constituent en grande partie sont les genévriers, le buis, le myrte, l'arbousier, le lentisque, le laurier-tin, les bruyères arborescentes.

Toutes ces plantes croissent et se multiplient dans un désordre et dans une confusion inexprimables.

C'est dans ces fourrés, sortes de labyrinthes inextricables, que les bandits trouvaient un abri qui leur permettait de se dérober longtemps aux recherches de la force publique.

Zoologie. — Pendant que le règne végétal est si heureusement représenté par des productions aussi riches que variées, le règne animal ne présente que des échantillons maigres et chétifs.

Il n'existe en Corse aucun animal féroce; l'ours et le loup y sont inconnus; les seuls animaux quelque peu redoutables sont le renard à la dent aiguë et destructrice, et le sanglier rabougri mais vigoureux.

Le *mouflon de Corse* (mouton primitif de Buffon) est moins remarquable par la beauté de sa forme svelte, que par l'éclat de sa peau mouchetée, et la vive souplesse de ses mouvements.

Le mouflon se tient dans les parties les plus escarpées de nos hautes montagnes, et il marche presque toujours par bandes de quatre à douze.

Le *cerf corse*, assez communément de petite taille, a le pelage brun, le corps trapu et les jambes courtes.

En général, les diverses espèces d'animaux domestiques sont moins grandes que sur le continent ; tout le bétail est maigre, à demi sauvage (1).

Sur toutes les côtes de la Corse, mais plus particulièrement sur la côte sud-ouest, on trouve un grand nombre d'animaux *radiés* et de *zoophytes ;* certains parages sont riches en *corail rouge* (isis nobilis) et en *corail noir* (gorgonia antipathes).

C'est dans les golfes de Sagone, de Portovecchio et de Saint-Florent que l'on rencontre le plus de variétés d'*annélides* et de *mollusques*.

Le catalogue de M. Payraudeau en renferme 358 espèces, dont 68 nouvelles (conchifères, bivalves et univalves).

(1) « Au lieu d'être remisés dans des étables, où l'œil du maître aurait pu du moins veiller à l'amélioration des races et augmenter leurs produits, les bœufs, les vaches, les chèvres, les moutons, les chevaux, les mulets, les porcs même, n'ont jamais cessé de vivre dans les bois, et le caractère de ces espèces est devenu remarquable dans l'île entière par son exiguïté. » (BLANQUI.)

M. Payraudeau a aussi recueilli en Corse 300 espèces d'insectes : les seuls venimeux sont, d'après M. de Tigny, l'*araignée à treize gouttes* (malmignathe du docteur Frediani), et l'*araignée tarentule*.

On compte une cinquantaine d'espèces de *crustacés* de terre et de mer; les *scorpions* sont communs, mais peu dangereux.

Les *reptiles* sont représentés par deux espèces de *serpents*, le *lézard stellion* et les *tortues*.

En parlant de la climatologie d'Ajaccio, j'ai énuméré les espèces principales de poissons et d'oiseaux que l'on rencontre le plus souvent dans l'île.

Voici les espèces de poissons que l'on pêche le plus communément sur le littoral.

La raie (razza), le squale (gatuzzo), la murène (morena), le congre (groncho), le merlan (nasello), la mustelle (mostella), la bonite (pesce cavallo), le maquereau (scombro), le mulet (muzzaro), la rascasse (scorpine), la truie (pesce capone), le rouget (triglia), le denté (dentice), l'ombre (ombrina), le forgeron (pesce san pietro), le turbot (rombo), les jarrets (zerolo), les anchois (acciughe), les sardines (sardene).

Lorsque la mer est grosse, on voit arriver des bandes de requins (pesci cani) et de thons (tonni) et les madragues établies dans le détroit de Bonifacio en font une récolte aussi abondante que productive.

On voit aussi quelquefois les dauphins et les phoques se montrer sur ces rivages.

Les oiseaux de proie sont très-rares; parmi les autres

espèces, celles de passage sont plus nombreuses que les sédentaires.

Les marais de Campo di l'oro sont peuplés pendant la saison d'une assez grande variété de gibier d'eau (bécasse, — bécassine, — pluvier, — râle, — poule d'eau, — oie, — canard, — macreuse, — pétrel).

Le gibier le plus abondant, c'est la perdrix rouge (sédentaire), la caille, la grive et le merle noir (de passage). Ces deux espèces comprises sous le nôm générique de merles, acquièrent une chair aussi délicate que parfumée, lorsqu'ils se sont nourris en décembre des baies d'arbousier et de myrte.

CHAPITRE II.

MINÉRALOGIE.

> Toute cette lave refroidie devait nécessairement renfermer des carrières précieuses de granit et de marbre; nul pays n'en offre une plus riche variété. (VALERY.)
>
> Là des blocs énormes de granit, la serpentine, l'azur, le vert antique, le jaspe, la pierre orbiculaire, se rencontrent à chaque pas. Les musées de France et d'Italie, la chapelle des Médicis, à Florence, renferment des échantillons qui portent témoignage de nos richesses en ce genre.
>
> (POMPEÏ.)

L'étude de la minéralogie de la Corse a, de tout temps, attiré l'attention des chimistes et des ingénieurs des mines. En donnant ici quelques notions sommaires, j'espère intéresser les touristes et les voyageurs et pour me conformer au langage et aux principes de la science moderne (1), j'adopterai la division en trois groupes

(1) Je ne puis résister au plaisir de citer l'ouvrage de Barral, sur l'histoire naturelle de la Corse. Cet officier d'artillerie, devenu savant par circonstance, a dressé un catalogue lithologique de l'île, d'autant plus intéressant, qu'il était basé sur une collection dont chaque échantillon avait été détaché de la roche productrice.

Barral divise le système général des montagnes de l'île en deux ordres :

Le premier comprend la grande chaîne composée généralement

des formations éruptives du globe dans la formation des montagnes et la configuration actuelle de la terre.

1° Éruptions granitiques. Les plus anciennes constituant les premières assises, c'est-à-dire la grosse charpente de la terre, sur laquelle repose toute la série des autres terrains.

(Granits. Protogynes. Syénites.)

2° Éruptions porphyriques (Porphyres et roches trappéennes).

3° Éruptions volcaniques (Trachytes, basaltes et laves modernes).

J'extrais d'abord du mémoire de Gueymard, le savant et courageux ingénieur des mines, l'énumération des minerais de la Corse avec l'indication du lieu de production.

Nature du minerai.	Lieux de production.
Fer oxydé compacte, pesant, noir ou bleuâtre :	La Sposata près de Calvi.

de granits, au milieu desquels serpentent des courants de basalte et de lave dont l'épaisseur varie de 2 à 12 pieds.

Le deuxième contient les pierres calcaires, schistes, granits de deuxième formation, serpentines, variolites, stéatites, pierres ollaires, asbestes, amiantes, concrétions ou tufs et poudingues.

Basaltes (matières volcaniques les plus homogènes), 6 espèces (laves, serpentins, jades, porphyres, etc., etc....	80	variétés.
Granits (granitelli à grands cristaux), 2 espèces....	47	—
Jaspes, 3 espèces....	44	—
Agathes (troubles et terreuses), 2 espèces....	3	—
Granits de deuxième formation, 3 espèces....	13	—
Stéatites (petites cristallisations isolées et feuilletées comme le mica) : pierres ollaires, 4 espèces....	27	—
Marbres (blanc-bardiglio-chipolin), 3 espèces....	15	—
Albâtre et stalactites, 2 espèces....	3	—

Nature du minerai.	Lieux de production.
Fer oxydé..................	Sources de Tavolaggio. S.-S.-O. de Galeria. Ota, golfe de Sagone.
Fer oxydulé octaèdre et fer oligiste écailleux.	Saint-Nicolas et Brando près de Bastia. Venzolasca près l'église du village.
Minerai de fer en roche......	Bords de la Restonica (Corte).
Fer arsenical...............	Près de Vezzani et vigne de Candia (Ajaccio).
Fer sulfuré................	Au-dessus de Borgo près de Bastia.
Plomb sulfuré et fer oxydulé magnétique..............	Près de Farinole.
Cuivre pyriteux............	Venzolasca et Castifao.
Minerai d'argent............	A Argentella près Calenzana (minière où l'on a trouvé les traces de fouilles antérieures).
Minerai d'antimoine sulfuré..	à Ersa (Cap Corse).
Minerai de plomb...........	petit vallon de Barbaggio (18 k. de Saint-Florent).
Minerai de plomb argentifère.	Calenzana et Moncale (arrondissement de Calvi).
Indices de mercure.........	à Ajaccio (jardin Meuron).
Mines de charbon minéral (Lignite).	à Evisa et Otta (arrondissement d'Ajaccio). à Calacuccia et Lozzi (arrondissement de Corte).

GRANITS (1).

Ces roches colorées, nuancées, éclatantes, a dit poétiquement le touriste, sont comme la végétation,

(1) Le granit est une roche complexe, c'est-à-dire la réunion de trois silicates à base d'alumine et de potasse. 1° le *quartz* (silice plus ou moins pure) ; 2° le *feldspath* (silicate d'alumine et de potasse) ;

les fleurs, la parure des âpres montagnes du pays.

Tous les granits (pierre monumentale par excellence) sont susceptibles du plus beau poli; il serait si facile de les utiliser; des scieries hydrauliques établies le long des torrents diviseraient les blocs en planches, puis des travaux de taille et de polissage, exécutés dans les chaumières, permettraient de les expédier aux fabricants d'objets d'art sur le continent (1).

L'un des plus beaux granits de la Corse est celui d'Algajola, qui forme le soubassement de la colonne Vendôme.

« La Corse a produit à la fois le génie qui soutient le bronze de la colonne et le génie non moins ferme, non moins impérissable, qui plane au sommet. » (Valery.)

L'exploitation de ce granit serait facile au bord de cette mer qui semble inviter l'industrie à l'enlever.

Le granit ou pierre bleue de Saint-Nicolas (Nebbio) se travaille en tasses et en petits objets d'art d'un beau poli.

Le granit qui roule dans le torrent de la Cellula entre Bocognano et Vizzavona, acquiert par le travail une co-

3° le *mica* (silicate d'alumine et de potasse mélangé de magnésie et d'oxyde de fer).

Quand le mica domine dans la roche, on obtient une variété de granit qui forme à lui seul, sous le nom de gneiss, le quart ou le cinquième de l'écorce solide du globe.

(1) M. Hermann, l'un de nos plus habiles mécaniciens, a communiqué à l'Académie des sciences, les procédés dont il se sert pour tourner et contourner le granit et le porphyre. Tout le secret de ce domptage des matériaux les plus inattaquables consiste dans l'emploi d'un outil merveilleux, le ciseau à pointe de diamant noir, auquel rien ne peut plus résister.

loration grenat d'un merveilleux effet. On le trouve aussi à une lieue et demie d'Ajaccio sur la route d'Appietto.

Ce granit est actuellement employé pour le monument que la ville d'Ajaccio élève à la mémoire du grand Empereur et de ses quatre frères.

A Tallano, d'énormes blocs d'un charmant granit couleur corail n'attendent que le travail de l'art pour se transformer en élégants chefs-d'œuvre.

Les vallées d'Orezza (l'élysée de la Géologie de M. Gueymard) produisent le vert de Corse, que le Fiumalto roule en blocs considérables le long de ses rives.

Le granit orbiculaire (amphibolite globuleux) se rencontre à Girolata, dans les gorges de Sollacaro, à Olmiccia et à Sainte-Lucie.

Cette splendide production de la nature, qui figure dans la chapelle des Médicis, apparaît en cet endroit avec ses beaux yeux ronds dans une mine profonde et facilement exploitable par le Fiumicicoli, le Rizzanese et le golfe de Propriano.

L'île de San Baïnzo, au milieu du détroit de Bonifacio, offre encore la trace des ateliers que les Romains avaient établis pour exploiter ces riches carrières de granit; on aperçoit sur le rivage les débris d'énormes colonnes à demi sculptées et merveilleusement polies par la vague, cet infatigable ouvrier de l'Océan! Les granits de Corse produisent abondamment un certain lichen dont les chimistes de Glascow tirent une couleur cramoisie superbe.

PORPHYRES (1).

Voici comment le savant auteur de la *Terre avant le Déluge*, explique la formation de ces roches.

« La terre continuant à se refroidir (2me période), des fractures se produisirent dans l'épaisseur de sa croûte consolidée; des matières semi-liquides s'élevèrent à l'extérieur formant des éminences comme des dés à coudre; le porphyre fut la substance mise au jour. »

Le torrent de Calenzana roule d'énormes blocs de porphyre d'une qualité supérieure.

Dans le Niolo (*Valle dello stagno*) on trouve les porphyres les plus variés (noir; tacheté de rose; couleur nankin), des jaspes et des agates (2).

Les porphyres globuleux de Girolata et de Galeria sont connus du monde entier.

Une colonie jadis florissante en avait entrepris l'exploitation; mais elle fut malheureusement dispersée et détruite, pendant la tourmente révolutionnaire, par les habitants du Niolo.

MARBRES (3).

Les minéralogistes reportent à la période jurassique

(1) Le porphyre diffère du granit en ce que ses éléments, quartz, feldspath et mica, sont noyés dans une pâte non cristalline, agglutinant leurs cristaux en une masse continue. Cette disposition leur permet d'acquérir un poli plus parfait et les rend éminemment favorables à l'ornementation.

(2) Espèces de calcédoines (roches formées par des matières siliceuses).

(3) Les marbres sont des variétés de calcaires résultant de l'agré-

la formation des calcaires : la chaux a été introduite dans le globe par les eaux thermales qui, en jaillissant, à une haute température, du centre de la terre, chargées de bicarbonates, se sont déposées sur la terre ou au sein des mers, formant, tantôt des terrains crétacés, tantôt des terrains coralliens.

Les vallées de l'île produisent les plus beaux marbres, pouvant, grâces à leur variété, servir à de grandioses édifices.

On trouve le marbre blanc (marbre statuaire) à Rostino, Serragio, Ortiporio, et Borgo di Cavignano où les couches ont plus de deux mètres de puissance.

Le marbre gris bleuâtre (bardiglio), est exploité sur les rives de la Restonica près de Corte.

Le marbre vert a été découvert sur les bords du Bivinco non loin de Bastia.

L'albâtre, dont la composition chimique est représentée par le sulfate de chaux, provient des dépôts de stalactites et de stalagmites qui remplissent les carrières des pays calcaires. Les gisements les plus considérables se retrouvent dans la gorge de Sainte-Lucie près Bastia.

Les éruptions volcaniques ont engendré les trachytes, les basaltes et la lave.

Les trachytes ont de l'analogie avec les porphyres feldspatiques (1).

gation de petits grains ronds, concrétionnés, dont l'aspect rappelle les œufs de poisson, d'où leur nom d'oolithes.

(1) Sous un aspect extérieur très-variable, leur pâte, tour à tour

Les basaltes sont formés par une lave essentiellement pyroxénique, noire et compacte, à structure souvent prismatique.

La lave est constituée par les cendres que produisent les volcans éteints ou en activité.

La formation trachytique est représentée, dans l'île, par les serpentines et les diallages, matières compactes, tendres mais tenaces, et à cassure plus ou moins esquilleuse (1).

La serpentine ou vert foncé se rencontre sur la route de Corte.

Le vert de Corse (vert antique, jade et diallage de Stazzona) forme l'un des produits minéralogiques les plus estimés.

Cette roche, unique en son genre, se trouve dans toutes les vallées du pays d'Orezza et d'Alesani en blocs considérables, pouvant être roulés sur toute la longueur du torrent de Fiumalto, où l'on compte les chutes par milliers.

C'est en grande partie à des substances magnésiennes que se rapportent les matières fibreuses (à masses souples, soyeuses, flexibles, feutrées ou floconneuses) que l'on désigne sous le nom d'asbeste et d'amiante.

L'amiante est assez commun en Corse.

On le retrouve dans les fissures des dépôts de ser-

blanche, grise, jaune ou noirâtre, présente un tissu poreux constitué par des cristaux disséminés de feldspath, d'amphibole et de mica.

(1) Silicates de magnésie combinés avec des hydrates de la même base.

pentines, sur la Punta-Venosa, au-dessus d'Orezza ; sur le Monte Cinto et dans les environs de Bastia, près de Brando.

Il est utilisé pour un genre de poteries que l'on fabrique dans les montagnes.

GROTTES.

Pour compléter ce chapitre, je vais donner une description succincte des belles grottes de Brando et de Bonifacio, formées en totalité de stalactites (1).

La grotte de Brando, située à quelques kilomètres de Bastia, sur les bords de la mer, près du village d'Erbalunga, a été découverte par le commandant Ferdinandi. En faisant des fouilles au milieu de ces rochers, il a pénétré tout à coup dans une vaste excavation qui s'enfonçait au loin dans la montagne. « Je me croyais dans l'habitation mystérieuse d'une fée, ou dans un riche palais des *Mille et une Nuits*, le jour où j'ai porté la lumière sur toutes ces colonnettes, ces aiguilles, ces draperies d'albâtre étincelantes de pierreries. »

Il est difficile de trouver quelque chose de plus élégant, que ces grottes ornées de stalactites et de stalagmites qui semblent taillées, découpées par la main capricieuse d'un artiste de l'Alhambra !

Quel est le procédé employé, par la nature, pour donner naissance à ces sculptures aussi variées que fantastiques ?

(1) Masses configurées en cônes plus ou moins allongés, pleines ou creuses, à surface lisse, onduleuse, ou tuberculeuse.

En général, elles se forment dans les cavités souterraines des montagnes de nature calcaire, par le suintement des eaux chargées de matières minérales en solution : le mode de progression se fait de haut en bas, de la paroi supérieure à la partie la plus déclive.

Les premières gouttelettes d'eau, qui arrivent à la voûte de la cavité, laissent en s'évaporant un petit anneau de matière solide, qui s'accroît par les gouttelettes suivantes, et se transforme bientôt en un tube mince ; à mesure que ce tube se couvre de nouvelles matières, il prend l'aspect d'un cône : c'est la stalactite proprement dite.

Les gouttes qui tombent de la stalactite, sans être privées complétement des particules minérales en solution, donnent naissance au dépôt connu sous le nom de stalagmite ; comme celui-ci s'accroît sous la verticale, il s'élève insensiblement en une protubérance qui, à la longue, va se joindre à la stalactite.

Il résulte de ce double travail des colonnes élancées, qui semblent placées, tout exprès, pour soutenir la voûte de l'édifice.

Lorsque les suintements se font sur les parois latérales, ils donnent lieu à des dépôts saillants ou isolés en nappes ondulées, festonnées et plissées de toutes les manières. L'aspect de ces véritables draperies leur a fait donner le nom de *panniformes*

Les grottes marines de Bonifacio sont toujours l'objet d'une agréable promenade sur mer.

Ces riantes cavernes ornées de brillantes stalactites et

de festons verdoyants, de plantes aromatiques, au milieu desquels serpente et murmure une mer limpide, deviennent, les jours de fête, un rendez-vous de plaisir pour les laborieux habitants du pays.

La grotte de Saint-Antoine est remarquable par ses vastes dimensions, la régularité de ses parois et son majestueux entablement de stalactites.

La grotte de Saint-Barthélemy, sombre et mystérieuse, attend toujours un courageux explorateur.

Par une large ouverture, coupée dans la verticale (*Monte Pertusato*), l'on arrive à une grotte spacieuse qui traverse la montagne.

La Dragonale surpasse les autres en magnificence; un haut portique, battu des flots, y introduit la barque lorsque le vent le permet. Des degrés, taillés pour ainsi dire par la mer, conduisent à une salle circulaire, où voltigent des milliers de pigeons, où les phoques prennent leurs joyeux ébats.

Quel admirable ouvrage de la nature que cette Dragonale avec sa coupole à jour et son parquet limpide! Quelles douces sensations éprouve le voyageur, lorsque les rayons du soleil frappent la voûte d'azur, où viennent se refléter, comme dans un brillant miroir, cette architecture sauvage, et ces compartiments lambrissés de touffes de myrtes et d'arbousiers en fleurs!

CHAPITRE III.

EAUX MINÉRALES.

> Des eaux minérales, douées de propriétés énergiques, s'échappent des flancs de presque toutes les montagnes, et n'attendent pour rivaliser avec les sources du continent que des chemins et des établissements.
>
> (BLANQUI.)
>
> Les eaux minérales de la Corse n'ont point les effets lents, incertains, problématiques de beaucoup d'eaux à la mode. Leur effet est prompt et immédiat, la saison courte. On dirait que ces eaux participent du caractère puissant et décisif des habitants. (VALERY.)

En réfléchissant à l'origine des montagnes de la Corse, à leur nature volcanique, aux richesses minéralogiques qu'elles renferment dans leurs flancs, on est naturellement amené à penser qu'elles donneront naissance à des sources thermales minéralisées principalement par l'élément sulfureux (1).

C'est, en effet, dans la classe des eaux sulfureuses que viennent se ranger les sources déjà célèbres de Guagno, Fiumorbo, Puzichello, Guitera.

(1) De tous côtés, et sur tous les points de l'île, on trouve des localités dont les noms portent à croire qu'il a existé sur ces points des sources thermales : Caldarani, Caldane, Caldanelle, Fontana Caldana, Caldarinca, Thermi Caldi.

Le cadre de mon travail ne me permet pas de traiter *in extenso* cet important sujet; il est digne de l'intelligence et de l'activité d'un jeune travailleur, car les données chimiques et les observations cliniques soigneusement colligées font presque toujours défaut (1); on sait seulement, par expérience, que les variétés de composition des eaux et la constance de leurs effets thérapeutiques suffisent à toutes les indications médicales.

Ce fait seul permet de rappeler aux pays qui en sont dotés, que dans les Pyrénées, les Vosges, le Morvan, chaque source est un élément de fortune publique. L'exemple des succès obtenus devrait encourager les administrations municipales; elles seules pourraient anéantir la lutte des intérêts locaux, faire disparaître la négligence de tous, provoquer une entente, une coalition, pour arriver à l'exploitation régulière, intelligente, de sources minérales d'une richesse, d'une efficacité reconnues de tout temps.

« Il serait utile, sage, profitable, disait M. Blanqui, d'exploiter ces sources minérales; il serait indispensable d'élever des établissements, des maisons, sur les emplacements où l'on aperçoit des piscines préservées

(1) Le docteur C. James, qui a visité la Corse avec une mission du Ministre du commerce, et d'après le programme préalablement tracé par le Conseil général, a signalé dans son rapport des faits intéressants pour des gens du monde, pour des touristes, pour son *Guide des eaux minérales*, mais de nulle valeur scientifique pour le médecin, car le célèbre hydrologue n'a pas fait une seule analyse chimique, et n'a pas recueilli une seule observation clinique !

du soleil par quelques branches de sapin, se répandant sur le sol qu'elles devraient enrichir, pour le neutraliser et le rendre infécond par la quantité des précipités insolubles qui s'y répandent. »

Les conseils bienveillants de l'illustre académicien ont été pris en sérieuse considération; on a fait quelque chose, mais il reste encore beaucoup à faire pour réaliser le bien-être et la prospérité réservés à ces populations.

Quoi qu'il en soit, je vais présenter une exposition sommaire des principales sources de la Corse; j'entrerai dans des détails circonstanciés au sujet des eaux de la Caldaniccia, parce que, dans ma pensée, ces eaux formeront un complément utile et indispensable de la station d'hiver.

CALDANICCIA.

Les eaux de la Caldaniccia sont situées dans le canton de Sarrola à 12 kilomètres au nord-est d'Ajaccio, à droite de la route qui conduit à Bastia, à 2,000 mètres du pont de Mezzavia, non loin de la Gravona, alors qu'elle traverse la partie supérieure de Campo di l'oro.

Leur découverte ne remonte qu'à 1831, mais antérieurement on avait trouvé au-dessus de Lavatoggio des ruines isolées, indiquant l'existence d'anciens thermes.

Un établissement modeste a été élevé sur le point

d'émergence des sources, et une maison réservée aux malades a été construite, à peu de distance, sur la hauteur.

En général, on n'y réside pas, et les baigneurs, redoutant la fièvre et le voisinage de la plaine, rentrent en ville par la voiture qui les y avait conduits.

Il est question d'amener les eaux en ville, mais je ne saurais approuver une pareille détermination : je la regarderais même comme désastreuse, car la minéralisation de ses eaux est très-faible et sa thermalité trop peu élevée.

Les travaux exécutés dans les Pyrénées, démontrent à la dernière évidence, les inconvénients de déplacer les sources qui contiennent du sulfure de sodium. J'ai constaté et fait constater par des essais sulfhydrométriques précis, la modification de cet élément minéralisateur, selon que l'on expérimentait sur l'eau prise au-dessus du griffon, ou sur l'eau, puisée à 50 centimètres, dans la vasque qui la recueillait.

Les sources de la Caldaniccia sont au nombre de trois ; elles sourdent au milieu de roches granitiques, à une profondeur de 10 à 11 mètres, avec un débit de 24 litres à la minute. Leur température varie de 35 à 40° centigr.

La source n° 1 donne, au point d'émergence, une température de 24° et un débit de 4 litres à la minute ; elle dessert les piscines réservées aux pauvres.

La source n° 2 alimente l'établissement thermal ; elle prend naissance sous l'établissement même, dans un grand réservoir où l'eau séjourne quelque temps avant d'être distribuée dans les baignoires : sa température n'est plus à ce moment que de 27 à 28° centigr.

La source n° 3, froide et d'un débit assez faible, n'est pas utilisée; elle laisse sur son passage des dépôts de soufre assez considérables.

Caractères physiques. — Ces eaux sont limpides, douces au toucher, onctueuses; leur saveur est légèrement hépatique ; prises aussitôt qu'elles paraissent au jour, elles ont un goût très-prononcé d'œufs pourris qu'elles ne conservent pas dans les bassins qui les reçoivent; à ce moment elles sont plus agréables et rappellent, selon le docteur Donné, les eaux de Vichy à alcalinité moins prononcée.

En jetant une pièce d'argent dans une baignoire, on la retire noircie au bout d'une heure; le gaz sulfhydrique contenu dans l'eau se dégage très-promptement; peu de fixité du principe soufre.

Analyse chimique. — Une première analyse exécutée par les soins de MM. les docteurs Versini et Jourdan, Grossetti et Sampolo établissait ainsi la composition des eaux :

Gaz azote	» »
Chlorure de sodium	0,17
Sulfate de soude	0,08
Sous-carbonate de soude	0,01
Silice	0,60

Des analyses faites au Val-de-Grâce par M. Poggiale, avec les ressources et d'après les indications de la chimie moderne, il résulte :

Carbonate de soude	0,097
Id. » chaux	0,038
Id. » magnésie	0,028
Sulfure de sodium	0,071
Sulfates de soude et de chaux	0,191
Chlorure de sodium	0,223
Acide silicique	0,129
Glairine	0,039
Perte	0,057
	0,873

Ces résultats contredisent, d'une manière formelle, l'assertion de M. le docteur Gaudineau qui avait prétendu : « que rien ne les distinguait, à leur point d'émergence, des eaux douces, et que leurs propriétés médicales résidaient seulement dans leur thermalité. »

Si l'analyse de M. Poggiale assigne aux eaux de la Caldaniccia leur place dans les sulfurées sodiques, elle déter mine aussi, d'une manière incontestable, leur analogie avec les sources justement célèbres des Eaux-Bonnes.

	Caldaniccia.	Eaux-Bonnes.
Sulfure de sodium	0,071	0,021
Sulfates de soude et de chaux	0,191	0,191
Chlorure de sodium	0,223	0,264
	(Poggiale.)	(Filhol.)

Effets thérapeutiques. — Jusqu'ici ces eaux ont formé un précieux élément de la médication sédative; elles ont été employées avec succès dans les névralgies, les spasmes, et certaines affections de la matrice.

Pour mieux comprendre les avantages que l'on pourrait en retirer, je crois devoir me livrer à une petite digression sur les eaux sulfureuses en général, et sur les Eaux-Bonnes en particulier. Je n'aurai pas perdu mon temps, si elle me conduit à une conclusion pratique et profitable pour les valétudinaires de la station d'hiver.

Les caractères généraux des eaux sulfureuses se résument dans ces trois propositions :

1° Augmenter et réveiller le mal ;

2° Le déplacer ;

3° L'user.

Elles se divisent en fortes et en faibles.

Les sources sulfureuses fortes stimulent l'organisme d'une manière énergique, exaltent la sensibilité, et produisent, en accélérant les mouvements circulatoires, de véritables accès de fièvre, aussi salutaires quand ils sont modérés, que nuisibles lorsqu'ils deviennent excessifs.

La peau animée d'une circulation plus active, est le siége d'une dérivation qui se manifeste par des sueurs ou des éruptions spéciales.

Ces propriétés sont de nature à faire passer avec promptitude à l'état aigu des affections indolentes.

Elles sont favorables aux personnes à fibre molle et peu irritable, chez lesquelles on doit réveiller et tonifier l'action organique.

Pour qu'elles soient salutaires, il faut de toute nécessité que les maladies soient dépourvues de caractère inflammatoire. Leur administration doit avoir lieu avec prudence et réserve.

Les sources sulfureuses faibles sont moins chaudes et formées de principes moins excitants; partant, leur action est plus lente, plus insensible. Presque toujours elles guérissent ou soulagent, mais jamais elles ne nuisent. Utilisées plus particulièrement en bains tempérés, elles calment et assouplissent l'organisme exalté, régularisent l'action du système nerveux : elles peuvent de cette manière, dans des circonstances données, prévenir certaines maladies chroniques, ou enrayer la marche de celles qui se sont déclarées.

Le docteur Fontan admet deux catégories :

Les excitantes, à action curative éloignée, persévérante.

Les sédatives, à action médicatrice plus prompte, mais moins durable.

Pour les eaux de la Corse, la première catégorie comprend :

GUAGNO,
PURZICHELLO,
GUITERA;

la deuxième :

FIUMORBO (Pietrapola),
et CALDANICCIA.

J'extrais de mon livre des *Eaux-Bonnes* quelques pages (1) complétement applicables à l'étude thérapeutique des eaux de la Caldaniccia :

« Cherchons à résumer tout ce qui précède, et arrêtons notre pensée sur la détermination des faits les plus

(1) *Les Eaux-Bonnes (Basses-Pyrénées)*. Paris, 1862, p. 279.

certains et les plus aptes à nous donner une idée précise de l'action des Eaux-Bonnes.

« Nous retrouvons d'abord dans la phthisie l'ordre de manifestation et de succession des phénomènes, tel que nous l'avions constaté sur l'homme sain et sur l'homme malade.

« Ces eaux répondent toujours à deux indications : d'une part, elles stimulent l'activité des fonctions nutritives, relèvent les forces, augmentent la résistance organique, modifient profondément la diathèse, favorisent l'action réactionnelle et réparatrice.

« D'autre part, elles ont une influence incontestable sur l'état catarrhal, et sur la congestion pulmonaire péri-tuberculeuse qui complique l'affection.

« En d'autres termes, la stimulation et l'excitation de l'eau sulfureuse de Bonnes modifient l'état diathésique qui présidait au développement du tubercule, et cette modification en arrête l'évolution.

« Quant à l'action de l'eau sur la partie affectée, en favorisant le ramollissement du tubercule, et en réagissant sur l'organisme, dans des mesures modérées, elle se conforme à la marche du mode de résolution suivi par la nature, et elle doit à ce compte produire des résultats satisfaisants.

« Ce que l'on a désigné, jusqu'ici, sous le nom d'action spécifique, ne serait donc pour nous, que la résultante de cette action générale sur la diathèse, et de la modification locale sur le tubercule.

« Cette résultante a pour conséquences immédiates :

« La diminution de l'engorgement perituberculeux, la résolution par séquestration du tubercule, sa transformation ou son élimination; et pour résultats consécutifs, la guérison de la lésion pulmonaire.

« L'enseignement qui se déduit encore de ces faits, c'est :

1° La nécessité de se hâter dans le traitement des premières manifestations de la maladie;

2° L'utilité de rassembler toutes les armes thérapeutiques qui sont à notre disposition.

« Ce qui est vrai pour la phthisie en général, l'est, à plus forte raison, pour les formes liées à une diathèse strumeuse, scrofuleuse ou herpétique.

« Les Eaux-Bonnes suscitent alors les phénomènes spéciaux inhérents aux eaux sulfureuses.

« Nous n'insisterons pas sur les distinctions de l'école allemande, de phthisie à forme *éréthique* et à forme *torpide*, car, d'après toutes les considérations qui précèdent, c'est principalement dans la seconde qu'il faut invoquer les ressources des eaux minérales.

« Il nous reste une dernière question à examiner, question traitée par notre très-distingué confrère, le docteur A. Latour, *Note sur la phthisie pulmonaire*.

« Il établit d'abord que les eaux minérales ont une action bien plus préventive que curative dans la phthisie (elles s'adressent surtout à l'imminence de la maladie, ou tout au plus à ses premières et légères manifestations, sans retentissement encore grave et sérieux sur l'organisme).

« Admettant ensuite que la tradition en faveur des Eaux-Bonnes soit légitime dans la mesure indiquée, il se demande :

« Auquel de leurs principes minéralisateurs doivent-elles leur influence et leur action élective?

« Est-ce à la sulfuration, ou à la chloruration? »

« Voici sa réponse : — « Le principe soufre est tel-« lement confondu avec le principe chlorure de sodium, « qu'il est difficile de faire la part exacte de l'un et de « l'autre dans le résultat thérapeutique. »

« Pour moi, les Eaux-Bonnes agissent favorable-« ment, non parce qu'elles sont sulfureuses, mais « quoique sulfureuses.

« Leur action excitante et nuisible à certaines pé-« riodes ne doit-elle pas être rapportée à leur sulfura-« tion, et la proportion considérable de chlorure de « sodium peut-elle être considérée comme indiffé-« rente? »

« Nous ne partageons pas la manière de voir de notre savant confrère; malgré l'importance que nous attribuons avec lui au chlorure de sodium, nous ne saurions révoquer en doute l'action spéciale du sulfure de sodium; elle ressort manifestement de toutes les études que nous venons de poursuivre dans ce chapitre. »

« Maintenant, si les eaux de Bonnes possèdent une vertu particulière, qui n'existe pas dans les autres eaux sulfureuses de la chaîne, il faut admettre de toute nécessité l'intervention d'autres éléments minéralisateurs; et comme le chlorure de sodium est le plus considérable, la logique nous conduit à lui attribuer une action salutaire.

« Dès lors, si l'observation clinique nous apprend que les sels de soude et de potasse, en général, sont doués de propriétés antiphlogistiques, pourquoi ne pas admettre cette propriété dans le chlorure de sodium?

« Pourquoi ne pas reconnaître que la bienfaisante nature l'a répandu, en quantité notable, dans l'eau de Bonnes, à l'effet de modérer, de tempérer, d'harmoniser l'action excitante et stimulante du principe sulfureux?

« Nous adoptons d'autant plus volontiers cette conception thérapeutique, qu'elle ramène notre esprit vers une pensée de reconnaissance et d'admiration envers le Créateur! »

Je ne saurais donc trop engager mes confrères d'Ajaccio, à procéder à une étude attentive et clinique de l'administration des eaux de la Caldaniccia dans les lésions pulmonaires. Quelle ressource précieuse pour les valétudinaires que l'usage d'un élément thérapeutique dont l'efficacité ne saurait être contestée!!

PIETRAPOLA.

Les eaux de Pietrapola (canton de Prunelli) sont situées dans la plaine de Fiumorbo, sur la rive gauche de l'Abatesco, à 80 kilomètres de Bastia, à 48 de Corte; la vallée est à 115 mètres au-dessus du niveau de la mer.

Leur réputation remonte à la plus haute antiquité,

et quelques solides restes de constructions aujourd'hui enfouies, débris incontestables d'anciens thermes, prouvent qu'elles n'avaient pas été inconnues aux Romains.

Pierre Cyrneus nous apprend que « *Petrapolæ calida sunt balnea ægritudinibus quibusdam accommodatissima: generatim nervis prosunt multosque alios sanant morbos.* »

On y trouve actuellement un établissement assez bien organisé, avec piscines, baignoires, appareils de douches et bassin de réfrigération.

Les sources sont au nombre de dix (grande source, Pozzo, Spiritolo, Doccia, etc.); assez rapprochées les unes des autres, elles jaillissent toutes du granit, et ont sans doute la même origine. Leur débit est abondant, de 5 litres à 40, formant un total de 159 litres à la minute, avec une température qui varie de 15 à 58°.

Caractères physiques. — Eau claire, limpide, d'une saveur légèrement salée, d'une odeur franchement sulfureuse, douce au toucher.

Composition chimique. — En 1776, MM. Vacher et Castagnoux, en faisant évaporer 85 livres de ces eaux, avaient recueilli un résidu du poids de 3 gros 50 grains, constitué principalement par :

Muriate de soude	77	grains
Soude	51	»
Matière grasse	45	»
Terre absorbante	17	»
Sulfate de chaux	49	»
Silice	25	»
	3 gros 48	grains
Perte	2	»

L'analyse faite à Paris, dans le laboratoire de l'Académie de médecine, par M. O. Henry, a donné pour les principaux agents minéralisateurs :

Sulfure de sodium....................	0,021
Chlorure de sodium...................	0,060
Bicarbonates de chaux et de magnésie..	0,200

Elle charrie toujours beaucoup de barégine à texture filamenteuse.

Ce que je viens de dire de la situation des sources, de leur nombre, de leur température, de leur minéralisation, prouve que les eaux de Pietrapola ont de l'analogie avec les eaux sulfurées sodiques des Pyrénées.

Effets thérapeutiques. — Elles sont utilisées avec succès en bains (pris souvent deux fois par jour) dans les états névropathiques (hystérie, chorée), dans les névroses du col utérin, dans les rhumatismes à forme nerveuse.

Le docteur Carlotti, qui les a étudiées avec soin, nous apprend qu'elles s'approprient parfaitement aux manifestations éréthiques de la diathèse scrofuleuse, et qu'elles réussissent dans les affections cutanées, et dans les paralysies, alors qu'il existe des troubles concomitants ou primordiaux de l'innervation.

Des observations authentiques démontrent leur efficacité dans certaines altérations des os dépendant de lymphatisme ou de cachexie syphilitique.

En résumé, l'indication principale des eaux de Pietrapola (le Saint-Sauveur de la Corse) est de tempérer la trop grande excitabilité du système nerveux.

GUAGNO.

Les eaux thermales de Guagno, ou Saint-Antoine de Guagno, sont situées dans le canton de Socia, arrondissement d'Ajaccio, à 63 kilomètres de cette ville, à 12 kilomètres de Vico, sur la rive gauche du Grosso, l'un des affluents du Liamone.

Le vallon pittoresque qui les renferme s'étend, de l'est à l'ouest, de Jacconi à Caselle.

Quoique Filippini fasse remonter à la plus haute antiquité la célébrité de ces eaux, ce n'est qu'en 1711 que le père Jean, franciscain, fit construire trois bassins en granit pour recueillir les deux sources principales : la grande source, marquant de 50 à 52° centigrades, jaillit avec un débit de 74,800 litres dans les 24 heures; la petite source (degl'occhi) a une température de 37° et un débit de 9,300 litres.

Les deux se réunissent à leur point d'émergence, pour alimenter, avec une température moyenne de 41° centigrades, les différentes parties de l'établissement thermal.

Celui-ci se compose de trois corps de bâtiments réunis entre eux à angle droit, et circonscrivant une vaste cour. L'aile gauche, est occupée par les piscines et les cabinets destinés aux militaires. L'aile droite est consacrée aux personnes qui n'appartiennent pas à l'armée.

Au milieu, sont deux grands réservoirs d'où, après un refroidissement convenable, l'eau est distribuée aux baignoires et aux piscines (39 cabinets à baignoires, 30 piscines à 4, et à 20 places).

L'établissement civil, qui forme le premier étage de l'établissement thermal, contient 60 chambres environ.

L'hôpital militaire, situé sur une petite élévation, reçoit, depuis 1821, des soldats et des officiers dont la santé est confiée aux soins éclairés d'un médecin spécial.

Les merveilleux résultats obtenus, d'après les déclarations de MM. Gaudineau, Mercier, Varlet, Netter, Haspel, Villamur, Juliani et Milliet, ont engagé l'administration à augmenter le nombre des malades envoyés de France et d'Algérie.

Propriétés physiques. — Eau claire, limpide, transparente, onctueuse au toucher, exhalant une faible odeur d'hydrogène sulfuré (œufs pourris). Sa saveur est fade, et presque nauséabonde; sa densité est un peu plus élevée que l'eau distillée; sa température au griffon est de 51° centigrades; elle dépose dans les bassins des filaments de glairine et de barégine. Ramenant au bleu la teinture de tournesol rougie par les acides, elle verdit le sirop de violettes.

Exposée au contact de l'air, elle perd rapidement son odeur hépatique; mais ce n'est qu'avec lenteur que se décompose le sulfure de sodium.

Analyse chimique. — Dans une première analyse faite en 1829, M. Thiriaux avait déterminé la nature sulfureuse des sources.

Les travaux de M. Poggiale, en 1836 et 1852, les ont classées dans les sulfurées sodiques.

Eau	1 kilogramme
Acide carbonique libre	$1^{c},5^{m}$
Air atmosphérique	19 ,0
Acide hydrosulfurique	traces

PRINCIPES FIXES.

Sulfure de sodium	$0^{g},024^{m}$
Carbonate de soude	0 ,131
Chlorure de sodium	0 ,044
Chlorure de chaux	0 ,017
Acide silicique, oxyde de fer et calamine.	0 ,046
Azotate de potasse	Traces.
Carbonate de chaux	Traces.
Id. » magnésie	Traces.
Iodure alcalin	Quantité notable.
Matière organique (glairine)	Quantité notable.

L'action physiologique des eaux de Guagno a été parfaitement étudiée par MM. Collin et Milliet.

Elles agissent nécessairement comme médication excitante ou substitutive : à l'effet primitif, excitation, succèdent les effets secondaires, la révulsion et la résolution.

Les éruptions diverses qui se manifestent à la peau, sous le nom de poussées, ne font presque jamais défaut.

Effets thérapeutiques. — En outre des mémoires des médecins militaires que j'ai nommés plus haut, j'ai consulté avec fruit l'opinion des inspecteurs de Franchi et Marcaggi.

La spécialisation des eaux de Guagno, en ayant égard à la nature de leur médication, doit les faire utiliser dans deux grandes catégories d'affections : d'une part, les maladies de la peau (affections cutanées et eczémas sous diverses formes); de l'autre, les accidents consécutifs aux blessures (« les perclus y ont retrouvé l'usage de leurs membres, y ont retrempé leur constitution délabrée. Docteur DONNÉ »).

Les rhumatismes, les engorgements articulaires, les sciatiques sont profondément modifiés par la stimulation intime de l'eau, qui ramène la vitalité dans les tissus malades.

M. C. James leur trouve par induction de l'analogie avec Baréges. Il nous apprend aussi qu'à Guagno est né le roi Théodore, bandit fameux, dont les exploits défrayent encore aujourd'hui les veillées du soir, et les légendes !

On admet généralement que les eaux sulfureuses sodiques sont utiles dans les affections scrofuleuses, qu'elles forment dans les vénériennes un remède précieux et héroïque, pour déceler l'existence méconnue de l'affection, en modifier les symptômes, favoriser l'emploi des spécifiques.

La pratique de M. Collin à Guagno, l'a conduit à reconnaître l'aggravation de la syphilis par l'usage de ces eaux.

La question mérite une nouvelle étude, tendant surtout à mettre hors de cause le mode d'administration et l'idiosyncrasie des sujets.

En résumé, la constitution des eaux de Guagno est précieuse à plus d'un titre.

Leur température, leur alcalinité, la stabilité des principes fixes (sulfure et chlorure de sodium) leur donnent une grande valeur.

En rendant compte des propriétés remarquables qu'elles possèdent, et des résultats variés qu'elles déterminent, elles expliquent pourquoi l'on trouve dans les eaux de Guagno, tantôt les vertus attribuées aux eaux sulfureuses de Baréges, tantôt celles que l'on recherche dans les eaux salines de Bourbonne.

GUITERA.

Les eaux de Guitera (canton de Zicavo, arrondissement d'Ajaccio) sont situées à 53 kil. du chef-lieu, sur la rive droite du Taravo.

L'eau sort de terre, jaillissant par sept ouvertures, d'une roche de granit, avec un débit de 360,000 litres par 24 heures, s'accumule dans un réservoir en plein air, et de là coule dans deux piscines, où les malades s'entassent pêle-mêle. A travers la prairie sourdent d'autres sources.

Arrivé en présence de ce trou noir, boueux, infect, M. le docteur Donné s'était justement ému, et avait hésité à prendre : « ces bains délicieux, préparés par la « nature, qui réconfortent si bien le corps et les mem« bres endoloris par la marche, et couverts de pous« sière. »

Caractères physiques. — L'eau, limpide à la source, devient bientôt noire et fétide par le mauvais aménagement; odeur caractéristique d'œufs couvis; saveur sulfureuse franche; température de 41° cent.; elle laisse dégager une grande quantité de gaz (mélange d'azote et d'acide carbonique), et dépose des traînées de barégine.

Composition chimique. — L'analyse de M. O. Henry ne détermine pas, d'une manière précise, si les eaux doivent se ranger dans la classe des sulfurées sodiques ou bien dans celle des sulfurées calciques.

Bicarbonate de chaux.................. Id. de magnésie	0,015
Carbonate de soude................... Sulfate de soude.......................	0,017
Sulfure de sodium..............	Quantité indéterminée.
Chlorure de sodium....................	0,040
Silice et alumine.......................	0,010
Glairine et matière organique.....	Traces.
	0,082

Ces eaux sont recherchées, salutaires et efficaces; malheureusement les baigneurs n'y trouvent que l'installation primitive des tentes et des barraques.

Comme la thermalité est élevée, on l'utilise principalement dans les rhumatismes, les engorgements articulaires, les contractures spasmodiques des muscles.

En les faisant refroidir, on s'en sert pour les maladies cutanées et les affections chroniques de l'utérus.

PUZZICHELLO.

« Il n'existe en Europe aucune source comparable à Puzzichello pour la guérison radicale de certaines affections invétérées, réputées incurables » (*Blanqui*).

Non loin du chemin de ceinture qui longe la côte orientale de l'île, à une petite distance d'Aleria, dans le canton de Vezzani, et à 6 kil. S.-E. d'Antisanti, sourdent les deux sources froides de Puzzichello : éloignées l'une de l'autre de 2 mètres ; elles jaillissent d'un escarpement, la première limpide, la seconde blanchâtre, et alimentent l'établissement thermal, où l'eau, artificiellement échauffée, dessert dix-sept baignoires, une piscine, un cabinet de douches et une buvette.

Caractères physiques. — L'une limpide, l'autre grisâtre, contenant quelques flocons de sulfuraire en suspension ; odeur caractéristique ; saveur hépatique ; température de 16 à 17° cent. ; contient du gaz composé en grande partie d'acide sulfhydrique.

Une analyse chimique, faite avec beaucoup de soin par M. Loestcher, professeur de chimie à l'école Paoli, donne la composition suivante :

	Eau 1 litre.
Azote	indéterminé.
	gram.
Acide sulfhydrique	0,0473
Bicarbonate de soude	0,3110
Id. » magnésie	0,1515
Sulfate de chaux	0,0999
Id. » magnésie	0,0407
Id. » soude	0,1314

	Eaux 1 litre. gram.
Chlorure de sodium	0,0692
Id. » magnésium	0,0124
Silice	0,0099
Matière bitumineuse	0,0043
Glairine	indéterminé.
	0,8273

EFFETS THÉRAPEUTIQUES. — Voici comment s'expriment MM. Pétrequin et Socquet dans leur *Traité général des eaux minérales* :

« Ces eaux sont actives et un peu excitantes ; les bains portent à la peau, ils réussissent dans les maladies cutanées ; on signale leur efficacité dans les cas où il y a complication d'ulcérations atoniques et serpigineuses. Les paysans des environs les emploient pour déterger les ulcères de leurs bestiaux. A la dose de plusieurs verres, ces eaux purgent légèrement ; elles finissent par congestionner le plexus hémorrhoïdal. On en vante l'emploi dans les anciens flux supprimés, surtout celui des hémorrhoïdes. »

OREZZA (CANTON DE PIEDICROCE, A 603m DE HAUTEUR).

La source minérale la plus remarquable de la Corse, par la nature de sa composition chimique, par l'abondance de ses produits et par l'efficacité merveilleuse de ses résultats thérapeutiques, est celle d'Orezza.

Située sur la rive droite du Fiumalto, elle se trouve au milieu de cette contrée de la Castagniccia, si pittoresque, avec ses forêts de châtaigniers séculaires et ses nombreux villages, semés à mi-côte sur la vallée, ou perchés comme des nids d'aigles au sommet des montagnes.

On sait combien sont rares en Europe les eaux minéralisées par le fer; il faut se reporter par la pensée jusqu'à Spa, Schwalbach et Pyrmont, pour se faire une idée de ces eaux à la fois ferrugineuses et gazeuses, qu'on a nommées avec raison «l'eau de Seltz ferrugineuse.»

Deux sources, la Soprana et la Sottana, fournissent, avec un débit de 132^{l} à la minute, cette *eau sans rivale*.

La Sottana s'échappe du rocher, et vient jaillir dans une cuvette de granit, où les malades la puisent au moment de la boire : elle est aujourd'hui protégée par un petit pavillon.

Caractères physiques. — Sa température de 15° cent. lui donne une fraîcheur agréable. Quand on la recueille dans un verre, on la voit d'abord se troubler et blanchir, par le dégagement de nombreuses bulles de gaz acide carbonique, puis elle reprend sa limpidité; elle petille comme du vin de Champagne. Sa saveur piquante, aigrelette, acidule, laisse un arrière-goût styptique très-supportable.

Prise à la source et renfermée immédiatement dans des bouteilles, elle les brise ou fait sauter les bouchons.

Composition chimique. — Leur analogie avec les eaux de Spa indiquait, d'avance, qu'elles devaient leurs propriétés au fer et à l'acide carbonique; toutefois, ces principes minéralisateurs y existent en proportions différentes, et y sont diversement associés.

Une première analyse chimique faite, en 1776, par MM. Vacher et Castagnoux, avec les ressources de l'époque, avait donné, par l'évaporation de 60 litres d'eau, un résidu de 5 gros 24 grains, résidu composé de :

Muriade de soude	0,03
Chaux	0,30
Fer	0,04
Argile	0,59
	0,96
Perte	0,04
	1,00

On n'avait pu déterminer ni la nature ni la proportion des gaz contenus.

M. Poggiale, qui a fait à plusieurs reprises l'analyse des eaux d'Orezza, avec tout le soin qu'il sait apporter à ses remarquables travaux, donne la composition suivante :

	Eau 1 litre.
Air atmosphérique	0,011
Acide carbonique libre et bicarbonates	1,248
	Gram.
Carbonate de chaux	0,602
Id. » magnésie	0,074
Id. » lithine	Traces.
Id. » fer	0,128
Id. » manganèse	Traces.
Id. » cobalt	Traces.
Sulfate de chaux	0,021
Chlorure de potassium / Id. » sodium	0,014
Alumine	0,006
Acide silicique	0,014
Acide arsénique / Fluorure de calcium / Matière organique	Traces.
	0,849

(Poggiale, 1853.)

Cette analyse classe définitivement ces eaux dans les ferrugineuses bicarbonatées.

Action physiologique. — Quand on les prend le matin à jeun, elles procurent une sensation agréable, réveillent l'appétit et précipitent la digestion; facilement éliminées, elles produisent, à dose modérée, un sentiment de bien-être. Plus frais et plus dispos, le buveur attend, avec impatience, l'heure du déjeuner.

Action thérapeutique. — Elle est franchement tonique et réconfortante. Aussi, est-elle indiquée dans les maladies chroniques des organes abdominaux (engorgements du foie et de la rate), et dans les affections nerveuses, qui, se reliant à l'appauvrissement du sang, donnent lieu à une si grande variété de phénomènes morbides (chloroses, anémies, aménorrhées, dysménorrhées).

L'action salutaire des eaux est souveraine, pour combattre les cachexies paludéennes et les engorgements des viscères, qui, sous la dépendance primitive de la fièvre intermittente, ont été entretenus par la médication quinique elle-même.

La saison des eaux d'Orezza commence le 10 juin, pour se prolonger jusqu'au 15 août.

Les malades trouvent de précieux auxiliaires de la médication minérale dans l'air pur et vivifiant que l'on respire au milieu de la vallée, les promenades à cheval, les distractions et les amusements.

Sur le sommet de la colline jaillit une source d'eau

très-agréable, très-fraîche, très-légère, que l'on appelle *Caracutella.*

La source Soprana, assez mal aménagée, contient des traces de soufre; elle combat victorieusement certaines périodes de l'affection vénérienne.

Les eaux d'Orezza sont appelées à un très-grand avenir. Depuis quelques années, l'exportation a augmenté dans des proportions très-considérables.

Le docteur Marchal (de Calvi) les préconise dans la dyspepsie en général et dans les gastralgies : elles sont, pour lui, un précieux adjuvant pour modifier la chlorose et l'anémie.

Dans toutes ces circonstances, il faut avoir soin de surveiller l'action puissante de ces eaux, pour en modérer les effets.

Inutile d'ajouter que les eaux d'Orezza sont formellement contre-indiquées, lorsqu'on redoute la lésion d'un organe, ou la faiblesse de la trame organique des poumons.

Elles sont aussi plus nuisibles qu'utiles, dans les diarrhées et dyssenteries actives, dans les flux hémorrhoïdaires.

Je ne dirai rien des autres sources de la Corse, parce que je ne possède sur elles que des renseignements très-insuffisants. Je me borne à les signaler ici.

Bains de Tallano (canton de Sainte-Lucie), sur la rive gauche du Fiumicicoli.

Eaux sulfureuses : température, 32° cent. ; débit de 240 litres à la minute.

Bains d'Olmeto (canton d'Olmeto), sur la rive gauche du Baraci, à 2 kilomètres de la mer.

Eaux sulfureuses : température, 32° cent. ; débit, 145 litres.

Caldanelle de Moisi, près de Vico.

Eaux sulfureuses : température, 32° cent.

Bains de Buderango, près d'Urbalacone.

Eaux ferro-gazeuses d'Alessani, de Moriani, de Malagini.

Eaux ferro-gazeuses de la Porta, près d'Orezza, dans ces belles vallées de la Castagniccia.

Les eaux minérales de Nebbio, Corrazica, Campitello Merenzana, citées par les chroniqueurs et les historiens du pays, sont tombées dans l'oubli le plus complet.

CHAPITRE IV.

HISTOIRE DE LA CORSE.

§ I. — MŒURS ET COUTUMES.

> Il (l'Empereur) disait que les insulaires ont toujours quelque chose d'original par leur isolement, qui les préserve des irruptions et du mélange perpétuel qu'éprouve le continent : que les habitants des montagnes ont une énergie de caractère et une trempe d'âme qui leur est toute particulière.
>
> (*Mémorial de Sainte-Hélène.*)

En abordant ce chapitre, complétement en dehors de mes études, il ne peut entrer dans ma pensée de tracer un tableau complet d'histoire ; j'ai seulement l'intention de transcrire les notes que j'ai recueillies, à diverses époques, dans des ouvrages spéciaux sur les Corses et la Corse ; elles pourront intéresser, je l'espère, le lecteur, à la condition, toutefois, qu'il sera assez indulgent pour ne pas exiger une exposition méthodique, un style littéraire et fleuri.

L'abbé Galletti, dans son intéressant ouvrage : *Histoire illustrée de la Corse*, a eu l'heureuse idée de reproduire, par la lithographie, la figure allégorique de l'île, telle qu'elle existe dans les grandes salles de

Raphaël, au Vatican, au-dessus de la fameuse bataille de Constantin contre Maxence.

Voici comment l'artiste a personnifié la Corse :

C'est une femme robuste, au regard vif et intelligent, fièrement assise sur un rocher, et baignant ses pieds dans la mer. Une main est armée d'une lance, de l'autre main, elle s'appuie sur une épée.

Sur sa tête, surmontée d'une tour, s'ajuste la peau d'un lion.

Autour d'elle, folâtrent des génies, dont l'un, monté sur un mouflon, symbole d'une chasse spéciale au pays, soutient une corne d'abondance garnie de pampres et de raisins ; un autre a sur le dos une corne de même nature remplie de divers fruits ; enfin, un troisième reçoit les caresses d'un chien emblème de la fidélité. En haut de cette fresque, on lit cet exergue :

Cyrniorum fortia bello pectora (les Corses au cœur intrépide pour les combats).

Et plus bas : *Sixtus V. P. M.*, *anno 1° sui pontificatûs.*

Quels sont les traits caractéristiques du peuple corse, traits constituant son individualité, sa physionomie morale ?

Quelques citations me permettront de répondre à cette question.

Je rappellerai, en premier lieu, les paroles du martyr de Sainte-Hélène.

En voilà d'autres, non moins probantes.

« Ce pays remarquable en est encore à la période patriarcale, à la vie de berger et de chasseur ; la longue absence d'un pouvoir protecteur y a maintenu la suprématie de la famille, dans laquelle chacun cherche un appui contre les agressions et les injustices. » (Blanqui.)

« Dans l'état d'isolement et d'individualisme, où l'égoïsme des intérêts tend à précipiter notre société continentale, nous ne comprenons plus cette vive tendresse qui unit, dans une famille corse, tous les membres les plus éloignés, jusqu'aux arrière-petits-cousins. » (Blanqui.)

« L'homme, dit Pompeï, s'y montre dans toute la pureté de son caractère primitif, bon, généreux, indépendant, hospitalier, sensible également au bienfait et à l'outrage, terrible dans la colère, mais l'attendant sans aller vers elle ; franc dans sa haine comme dans son amour, inexorable contre l'offenseur obstiné, mais tendant la main à l'ennemi vaincu ou repentant, et déposant tout désir de vengeance, lorsqu'il a prononcé le pardon.»

Après avoir consacré les pages les plus éloquentes à démontrer que les mœurs corses sont la fidèle représentation de celles des Germains de Tacite, après avoir prouvé, l'histoire à la main, que l'amour sacré du pays, de la liberté et de l'indépendance, a été, de tout temps, la vie et l'âme de ces fiers insulaires, le patriotique historien cherche la raison d'être de ces sentiments.

« Les peuples des montagnes nourrissent, plus que tous les autres, une invincible horreur pour l'esclavage ; au sommet d'une haute montagne, vos idées s'agrandissent à mesure que votre horizon se prolonge ; les passions violentes et terrestres se taisent ; plus près du séjour de la Divinité, vous vous associez, par la pensée, à sa noble indépendance.

« Le Corse voit l'indépendance dans tous les objets qui l'environnent : grandeur des sites, immensité des forêts, eaux, cascades que l'art n'a pas emprisonnées. Ces majestueuses beautés, la vue de la mer et des vents courroucés qui les soulèvent, sont bien propres à remuer l'âme, à en faire sortir de vastes et sublimes pensées. »

« Le courage, s'écriait à la chambre des députés, en 1828, l'illustre général Sébastiani (plus tard maréchal de France), l'intelligence, l'amour du pays, la simplicité des mœurs, la persévérance, la sobriété, l'hospitalité, sont des vertus que les détracteurs mêmes des Corses sont forcés de leur accorder; l'esprit de vengeance qui les anime est, à la fois, l'exagération et une fausse direction du point d'honneur! »

Donnons encore la parole au célèbre économiste Blanqui :

« La véritable religion des Corses, c'est l'hospitalité : nul peuple ne l'exerce avec cette cordialité simple et naïve, qui lui donne un charme de plus, et qui inspire la reconnaissance et l'affection.

« Tout le monde y prend part : on dirait qu'il y a dans chaque commune un véritable officier d'hospitalité, chargé de l'exercer au nom de tous, et d'assurer au voyageur recommandé, riche ou pauvre, un souper, un gîte et un bon accueil. »

« Les Corses, ajoute Malte-Brun, sont dévoués jusqu'à la mort quand ils aiment; ils sont généreux, francs, et plus fidèles à leurs promesses qu'on ne l'est ailleurs à la foi du serment. Ils pratiquent l'hospitalité avec une affabilité de manières qui jure avec leur physionomie farouche. Il n'y a pas de peuple au monde où l'on soit plus doux et plus aimable pour son hôte. »

Le docteur Donné, qui a consacré de très-belles pages à la description de la vallée du Niolo, *si intéressante par son histoire et les mœurs de ses habitants*, s'exprime en ces termes :

« Au milieu de cette nature un peu sauvage, il est remarquable combien l'homme a la physionomie expressive, les traits fins, et jusqu'à un certain point délicats; c'est toujours le sujet de mon étonnement, dans les rencontres que je fais à la campagne, et dans les visites que je rends aux paysans dans leurs cabanes. Jamais de ces airs lourds et gauches que l'on trouve aux paysans de nos contrées les plus civilisées du continent; hommes, femmes et enfants ; tous ont l'œil vif, spirituel, la taille bien prise, les manières aisées, et ils causent volontiers sans aucune timidité !...

« Le paysan corse a matériellement de quoi vivre, mais il faut venir en ce pays pour apprendre combien peu il faut à l'homme pour vivre, et combien son industrie a accumulé sur sa tête de besoins factices. Si l'on met dans un plateau les jouissances, les soucis, les raffinements, les privations, les labeurs infinis de la civilisation avancée, et dans l'autre la simplicité de cette vie frugale, austère, mais libre, pleine de loisirs et de sécurité, aussi éloignée des angoisses de la misère que du luxe de la richesse, je ne sais de quel côté penchera la balance.

« Ce qui me frappe, c'est que jamais en Corse, dans ces nombreuses familles, où les enfants pullulent et ne se comptent pas, on n'entend les pères se plaindre ou s'inquiéter du nombre de leurs enfants ; au contraire, « Nos enfants, disent-ils, sont notre fortune : plus nous « en avons, et plus nous sommes contents ! »

«.... Ces mœurs rudes laissent une empreinte profonde dans ceux mêmes que la fortune ou le succès d'une carrière brillante a entraînés loin de leur patrie, et mêlés au mouvement de notre civilisation. »

Mais n'y a-t-il pas une tache au tableau ? Pourquoi tant de belles qualités ont-elles été trop souvent obscurcies par cette terrible *vendetta* qu'on nous a jetée tant de fois à la face comme le plus grand outrage. Envisagée de haut, à un point de vue impartial et philosophique, la vendetta est le préjugé de l'enfance des sociétés.

En parlant des Germains, Tacite a dit : « C'est pour eux une obligation d'épouser les haines et les affections des parents.

« *Suscipere tàm inimicitias, seu patris, seu propinqui, quàm amicitias necesse est.* »

L'illustre historien érigeait ce sentiment en vertu, car plus un peuple a l'instinct de la justice, plus il doit être porté à reprendre l'exercice de la vengeance personnelle, qui est la justice de l'état sauvage.

L'hérédité de la haine et de la vengeance existait

aussi chez les Francs; elle était installée au foyer domestique sous l'empire romain; on la retrouve parmi les montagnards écossais; elle fermente au cœur de l'Arabe.

Cette vendetta, telle que le Corse la comprend, est pour lui une sorte de religion ; elle se fonde sur l'idée du devoir.

Le Corse nourrit sa rancune, parce que, s'il la sentait mourir, il croirait, avec elle, avoir perdu sa vertu ; il se venge, parce qu'il a appris, parce qu'il croit, qu'une âme basse peut seule pardonner une injure.

Ceux qui parlent inconsidérément de vendetta et de bandits, savent-ils ce que souffrent de privations et de tortures, ces hommes en état de guerre avec la société? se font-ils une idée de la trempe d'âme qui est nécessaire pour résister à ces rudes épreuves, à ces luttes incessantes contre la vindicte publique et les éléments du ciel?

Le bandit corse est un criminel aux yeux de la loi, mais la vie aventureuse qu'il mène, la manière dont il est obligé de payer de sa personne, le courage, l'audace, la ruse qu'il déploie, frappent les imaginations, intéressent à ses périls, et en font bientôt une sorte de héros mystérieux, une véritable puissance exerçant au loin sa redoutable influence.

Au lieu donc de flétrir impitoyablement cet instinct, ce préjugé, ce sentiment, cherchons à l'expliquer avec le flambeau de l'histoire, qui nous conduira à reconnaître, en fin de compte, que les mœurs s'adoucissent, que les haines s'émoussent, que les meurtres diminuent.

« Mille ans d'oppression, même impatiemment supportée, de mauvais prêtres, de mauvaises lois, laissent des traces profondes dans le caractère d'un peuple...

« Quand la justice est outragée pendant plusieurs siècles, aux dépens d'un peuple, par des maîtres sans cœur et sans pitié, il s'accoutume bientôt au règne de la force, et en use au besoin ; si l'occasion se présente, il se venge au lieu de plaider.

« Trop éloignée de ses maîtres pour obtenir justice, et trop difficile à parcourir pour se la faire distribuer régulièrement, même par une métropole bienveillante, la Corse a dû souffrir tous les maux du despotisme et tous les déchirements de l'anarchie... » (Blanqui.)

Écoutons le touriste Valery :

« La vendetta tant reprochée aux Corses n'est qu'un point d'honneur mal entendu, qui ne permet pas de rencontrer l'assassin de son père ou de ses proches, car le fond d'un Corse est l'amour de la famille.

« La vendetta n'est ni un aveugle besoin de tuer, ni une barbare satisfaction, mais l'accomplissement d'un devoir regardé comme sacré et presque d'une loi. »

Si maintenant nous voulions voir hâter le moment où le pays pourra s'associer à ce mouvement universel de bien-être, d'améliorations et de progrès, que la France doit au gouvernement de l'empereur Napoléon III, il faudrait s'inspirer de la vérité de ces éloquentes paroles du savant membre de l'Institut, que j'ai été heureux de citer tant de fois.

« Tout l'espoir de l'avenir réside dans les enfants : il ne faut pas se flatter de détruire les préjugés enracinés dans l'esprit de leurs aïeux, l'amour de la vengeance, la soif des places, l'ambition de dominer ; mais les enfants pourront comprendre, à force d'études communes, qu'il est des biens communs à tous, dont on profite par l'union et qu'on perd par la discorde. Ils s'accoutumeront à demander justice, au lieu de se la faire. Plus instruits, ils deviendront plus laborieux ; chimistes, ils exploiteront les ressources naturelles de leur pays, et ils appliqueront les facultés éminentes de leur intelligence à la poursuite d'un but plus glorieux que les triomphes de coterie et de localité, trop longtemps recherchés par leurs pères. » (Blanqui.)

---

§ II. — HISTOIRE.

> La situation, l'étendue, la fertilité de la Corse, ont inspiré de tout temps l'envie de la posséder.
>
> Aucun pays n'a peut-être montré autant d'instabilité politique, et il n'en est aucun dont l'histoire offre le spectacle de guerres intestines plus longues et plus acharnées.
>
> L'histoire de la Corse est une longue guerre de la liberté contre la tyrannie. (POMPEÏ.)
>
> L'histoire de la Corse est une des plus dramatiques et en même temps des plus cruelles qui soient au monde. Il y a du sang et des larmes sur toutes ses pages; nulle part on ne rencontre un tel entassement de crimes, de forfaits et d'infortunes. (LOUIS ENAULT.)

I

Au milieu de l'incertitude et de l'obscurité qui environnent l'origine du peuple corse, il faut tenir compte de la tradition la plus accréditée chez les auteurs de l'antiquité. Pour eux, la population primitive de l'île est originaire des grandes expéditions de l'Hercule phénicien. Plus tard, en raison même de l'importance de sa station maritime, elle a pu éveiller l'attention des navigateurs qui parcouraient la Méditerranée. Ces différentes immigrations (Tyrrhéniens, Africains, Phocéens, Grecs, Étrusques, Carthaginois) se sont successivement superposées les unes aux autres, pour former lentement cette population que l'on retrouve deux siècles avant l'ère chrétienne.

II

C'est, pour la première fois, en l'an 260 avant Jésus-Christ, que nous voyons les Romains arriver dans l'île sous la conduite de Lucius Cornélius Scipion, *pour y détruire tout et frapper ainsi de terreur les habitants* (Florus).

La conquête de la Corse fut une des plus difficiles qu'ait accomplies le peuple-roi ; la lutte dura plus d'un siècle, elle nécessita huit expéditions successives, et l'intervention des plus habiles généraux : Caius Licinius Varus, Manlius Torquatus, Caius Papirius, Marcus Pinarius, Juventius Thalna, et le plus grand capitaine du temps Scipion Nasica (162).

La Corse fut florissante sous la domination paisible et alors incontestée de Rome (1) : à cette période, l'une des plus heureuses de son existence, remonte la fondation des deux grandes colonies : Mariana, fondée par Marius à l'embouchure du Golo, et Aleria, rebâtie par Scylla sur le Tavignano.

Elle comptait, selon Pline, trente-trois cités.

Au partage de l'empire romain entre les enfants de Théodose, elle est comprise dans l'empire d'Occident.

III

La prospérité de la Corse s'éteignit avec la puis-

(1) Il y eut toutefois des soulèvements partiels dus à la cruauté de quelques proconsuls ; car comme l'a dit Sully : « Ce n'est jamais par envie d'attaquer que le peuple se soulève, mais par impatience de souffrir. »

sance romaine. Du quatrième au septième siècle, elle passe tour à tour sous la domination barbare des Vandales (Genséric est chassé par Bélisaire), des Goths (Totila succombe sous Narsès), des Lombards, et des Byzantins.

En l'an 713, apparaissent les Sarrasins, et, comme les empereurs d'Orient ne peuvent leur opposer ni flotte ni armée, le pays est laissé, sans défense, à la merci de ces conquérants.

Les Sarrasins, ces fléaux de la Méditerranée, eurent à défendre leur conquête d'abord contre Pépin, roi d'Italie (806), contre Burchardt, comte des écuries de Charlemagne (807), et contre Charles, fils de Charlemagne, qui les battit à Mariana, puis à Aleria.

A la mort de Charlemagne, qui, en sa qualité d'empereur d'Occident, avait pris la Corse sous sa protection, le gouvernement de l'île est cédé à Boniface, marquis de Toscane : Boniface et ses enfants la défendent vaillamment pendant un siècle contre les incursions incessantes des Maures.

IV

Au commencement du onzième siècle, on trouve établie en Corse une espèce de féodalité, indépendante de tout souverain, et qui ne reconnaît d'autre puissance que celle de la force.

Jean della Grossa raconte, avec émotion, les luttes intestines, les guerres sans motifs, les trahisons infâmes, qui se succédèrent, pendant deux cents ans, entre ces seigneurs qui faisaient remonter à un certain Hughes Colonna leurs droits de possession.

C'est pour abattre ce pouvoir seigneurial et cette ambition d'usurpation, que le peuple de l'intérieur s'assemble en diète générale au *Prato de Morosaglia*, et se donne pour chef Sambucuccio, d'Alando.

Le héros de ce mouvement populaire fit jouir la terre des Communes d'un gouvernement sage et libéral (pendant que la partie occidentale de l'île restait encore sous le joug des Barons), mais, à sa mort, le désordre recommença, et, de 1012 à 1077, les marquis Malaspina, descendants des fils de Boniface, gouvernèrent en qualité de simples protecteurs la terre des Communes (1).

V

Grégoire VII, l'auteur de cette maxime, « là où la peau de lion ne peut atteindre, il faut joindre celle du renard, » Grégoire VII, qui voulait asservir le monde au Vatican, ne pouvait oublier l'ancienne donation de Charlemagne. Landolphe, évêque de Pise, réclama au nom du Pape la souveraineté de l'île, et, après avoir convoqué en assemblée générale les évêques

(1) Les Communes ne s'étaient pas bornées à s'affranchir du joug des grands ; elles se rendirent indépendantes en créant une espèce de république. Les *Pères des Communes* exerçaient les fonctions administratives et judiciaires ; les *Caporali* présidaient à la haute administration ; les *Consulte* étaient assemblées pour délibérer des intérêts de tous.

et les seigneurs, qu'il avait préalablement gagnés à sa cause, il les amena à se déclarer sujets de l'Église (1077). C'est de cette reconnaissance que proviennent tous les malheurs qui, pendant plusieurs siècles, vont bouleverser cet infortuné pays.

Quinze ans après, Urbain II cède à l'Église métropolitaine de Pise, la souveraineté entière de l'île, moyennant une redevance annuelle.

L'administration de l'Église métropolitaine fut des plus paternelles, mais bientôt survinrent ces rivalités redoutables des républiques de Pise et de Gênes, qui se terminèrent par la déroute des Pisans à la journée de la Meloria (1284).

Pendant que les chaînes du port de Pise étaient transportées triomphalement à Gênes, Giudice della Rocca, des comtes de Cinarca, qui avait eu la gloire de battre Luchetto Doria, tombait, par trahison, entre les mains de ses ennemis, et mourait dans la prison de la Malapaga, expiant ainsi le crime d'avoir défendu courageusement sa patrie.

VI

La mort de Giudice fut le signal de la plus complète anarchie; l'ambition des barons harcelant sans cesse le peuple, les magistrats de la terre des Communes déférèrent l'autorité suprême à la république de Gênes (août 1347).

L'acte de cession eut lieu, au dire de Villani, *con volontà di quasi tutti i baroni e signori;* mais les Génois ne tardèrent pas à se débarrasser des seigneurs, en excitant leurs inimitiés mutuelles, en les attaquant directement et à force ouverte : les moyens furent barbares ; la trahison et l'assassinat anéantirent, en peu d'années, plus de trente membres de la famille de Leca. Le comte Arrigho della Rocca, Simone da Mare, Giudice d'Istria, Ranieri da Cozzi, Mariano da Gaggio, le comte Vincentello d'Istria, furent les victimes de la perfidie de ce gouvernement inique (1).

André Doria, que Voltaire appelait le plus grand citoyen des temps modernes, fit raser un jour les maisons du pays de la Rocca, couper les arbres, et brûler les vignes. Plus cruel encore, Nicolas Doria passa au fil de l'épée tous les habitants de Talavo, et déporta en masse ceux du Niolo.

Au milieu de ces bouleversements sans fin, l'état de guerre paraît être l'état normal. Les populations naissent, croissent et meurent au bruit des armes, dans le tumulte des insurrections.

Le pays n'est plus qu'un vaste champ de bataille, où les partis s'entre-détruisent sans pitié.

« Les rigueurs du despotisme, écrit Pompeï, ont enflammé les Corses pour la liberté ; ce sentiment les engagea dans une lutte corps à corps contre la tyrannie ; lutte sanglante, combat à mort, dans laquelle l'opprimé ne prenait de repos que pour reprendre des forces et mieux assurer sa victoire. »

(1) Voir le chapitre *Archéologie*.

Au moment où la compagnie de Saint-Georges devint maîtresse absolue de l'île (1511-1553), il se fit une émigration assez nombreuse dans cette ardente jeunesse corse, désireuse de trouver un théâtre digne de sa fiévreuse activité.

L'historien Filippini cite comme les plus célèbres entre tous, au service des puissances continentales : Pierretto d'Istria ; Guglielmo dalla Casabianca ; Pasquino da Fia ; Giacomo dalla Fica, général des florentins ; Jacques de Lappio ; Baptiste de Leca, neveu de Jean-Paul ; Charles Malherba ; Giocante dalla Casabianca ; Teramo da Bastelica ; Angelosanto de Levie, colonel au service de don Fernand de Gonzague ; Barthélemy de Vivario, surnommé Télamon, général des galères de l'Église ; Jean-Baptiste de Bastia, mestre de camp de Pierre Strozzi ; Gasparino Ceccaldi, sergent général des Vénitiens.

VII

Pendant la lutte entre Charles-Quint et le roi de France, Henri II voulut s'assurer dans la Méditerranée uneposition stratégique, et des portsde refuge, pour sa flotte et celle du sultan son allié ; ses conseillers songèrent à la Corse, et dans un conseil de guerre présidé par le maréchal de Thermes à Castiglione della Pescara, fut décidée l'expédition, dont le succès devait dépendre *de la promptitude et du secret de l'entreprise.*

Le maréchal commandait les troupes de débarquement, ayant sous ses ordres le colonel Sampiero de Bastelica (1), les trois des Ursins, et les capitaines Bernardino d'Ornano, Altobello, et de Gentili. Paulin, baron de la Garde, amiral des galères du roi, devait appuyer l'expédition avec sa flotte et former le siége des villes maritimes. La flotte ottomane, commandée par Dragut, devait les rallier à la hauteur de l'île d'Elbe (août 1553).

Cette conquête se fit sans gloire, parce qu'elle eut lieu sans combats.

Les Corses, très-bien disposés pour la France, désiraient ardemment se ranger sous ses drapeaux; les Génois, abattus et dispersés, n'osaient même pas opposer de résistance, et abandonnaient, sans coup férir, les positions les plus avantageuses.

Au bout de quelques mois, les troupes du maréchal de Thermes occupaient Bastia, Corté, Ajaccio, Bonifacio et Saint-Florent : l'intérieur du pays leur était entièrement soumis.

VIII

A la nouvelle de l'arrivée des Français en Corse, la république de Gênes et la compagnie de Saint-Georges

(1) « Sampiero commença le métier de la guerre dans les bandes noires sous Jean de Médicis. Le roi François Ier le fit colonel de trois régiments, et puis de sept enseignes corses. Il suivit notre dauphin au siége de Perpignan, où il se signala par une action si peu commune, que ce prince tira la chaîne d'or qu'il avait au cou, pour en honorer la vertu de ce grand capitaine, lui concédant dès lors de porter la fleur de lys dans ses armes, après lui en avoir vu si glorieusement soutenir les intérêts. » (L'Hermite.)

font taire leurs rivalités, réclament l'assistance de Charles-Quint, de Cosme de Médicis, du duc de Milan, et organisent une expédition formidable sous le commandement d'André Doria (novembre 1553).

De Thermes est obligé de changer de rôle, et de se tenir sur la défensive : la prise de Saint-Florent coûte au vieux Doria (alors octogénaire) dix mille hommes de troupes aguerries (1).

L'année 1554 n'offre d'événements importants que le combat de Silvareccio où Sampiero, avec quelques cavaliers, après avoir mis en déroute neuf enseignes ennemies, reçoit un coup de feu à la cuisse, et la bataille de Morosaglia où Giacomosanto da Mare, après avoir triomphé des Allemands de Lodron, est défait par Augustin Spinola.

« Alors commença une terrible et sanglante mêlée, où les plus valeureux tombèrent les premiers et furent remplacés par d'autres ; la mousqueterie porta la mort dans les rangs des deux côtés ; mais lorsque les agresseurs eurent avancé assez pour se trouver mêlés avec les Corses, on commença à l'arme blanche un affreux carnage. On combattait des deux côtés avec tant de vaillance, que la victoire demeurait indécise. » (Casoni.)

(1) Saint-Florent fut défendu par Jourdan Orsini. Après trois mois de siége, il se vit obligé de capituler ; les Corses sous ses ordres ne voulurent pas s'en remettre à la générosité des Génois. La plupart s'embarquèrent sur de frêles esquifs, et parvinrent ainsi à se sauver ; d'autres tentèrent une audacieuse sortie, se frayant un passage les armes à la main ; les 33 Corses malades, pris dans la ville, furent envoyés par Doria aux galères !

Le départ de Doria (appelé par la cour d'Espagne au secours de ses provinces menacées par la flotte ottomane) permet à Montestruc d'assiéger Corté et de remporter au col de Tenda une éclatante victoire, où Sampiero et Giacomosanto da Mare firent des prodiges de valeur; malheureusement le puissant seigneur du Cap-Corse reçut un coup mortel en poursuivant l'ennemi.

Deux ans après que, dans une assemblée solennelle (consulte du 15 septembre 1557), Orsini, successeur du maréchal de Thermes, annonçait aux Corses que *le roi avait incorporé l'île à la couronne de France, ce qu'il n'a pas voulu faire pour d'autres provinces*, par un article du traité de Cateau-Cambrésis, Henri II s'engageait à retirer ses troupes de la Corse. Le 7 novembre 1559, les commissaires génois Grimaldi et Saoli prenaient possession d'Ajaccio.

IX

De 1559 à 1564, les choses restèrent dans un état de méfiance mutuelle: les Génois exerçant des actes de rigueur, la compagnie de Saint-Georges frappant des impôts exorbitants, les Corses, épuisés et sans armes, se tenant éloignés de leur astucieux souverain.

« Lors du traité de Cateau-Cambrésis, Sampiero avait éprouvé une douleur profonde de voir ainsi ruinées, en un seul jour, toutes ses espérances. Six années d'une lutte constante, le sang versé dans tant de combats, les misères et les privations supportées avec patience et courage, tous ces efforts et tous ces sacrifices, loin d'obtenir le résultat qu'il avait désiré, aboutissaient aujourd'hui à un état pire que le premier... » (Friès.)

Après avoir vainement invoqué les secours de Catherine de Médicis, du Sultan (qui le reçut à Constantinople avec de grandes marques de distinction) (1), du duc de Parme, du roi de Navarre, Sampiero s'embarque pour la Corse, résolu de tenter, avec ses propres forces, la délivrance de son pays (1564).

Son arrivée donne le signal d'une révolte générale : les victoires de Vescovato et de Caccia, portent au plus haut point l'ardeur nationale, Sampiero est proclamé le père et le libérateur de la patrie.

Antonpadovano da Brando, qui avait été envoyé par la consulte générale de Piedicorte, en ambassade près de la cour de France, ne rapporte pour tout secours que dix mille écus et treize drapeaux sur lesquels on lisait ces mots : *Pugna pro patriâ.*

Sampiero distribue les drapeaux à ses capitaines, et se dispose à marcher contre Vivaldi, successeur d'Étienne Doria, lorsqu'il est traîtreusement tué par son écuyer Vittolo (janvier 1567).

Pendant que les assassins allaient demander au gouverneur Fornari le prix de la trahison, en lui présentant la tête sanglante de leur victime, des feux de joie,

(1) C'est à son retour d'Orient qu'eut lieu le drame terrible qui se termina par la mort de Vannina d'Ornano, son épouse. « Après ce trait de barbarie ou d'héroïsme, Sampiero promena sa fière et sauvage énergie devant les mignons efféminés du Valois. »

le bruit du canon, annoncèrent à l'île entière, muette de douleur et d'effroi, la mort de ce grand capitaine (1), de ce héros du moyen âge, qui réunissait au même degré, dans sa personne, l'amour de la patrie et la haine de ses oppresseurs.

Reconnu général des Corses, à la consulte d'Orezza, son fils Alphonse d'Ornano continua la guerre avec plus ou moins de succès, jusqu'au jour où Georges Doria (d'un caractère sage et probe, choisi exprès pour opérer une réconciliation), lui fit d'honorables conditions pour l'engager à quitter la Corse (1569). Des galères françaises ramenèrent en France, avec trois cents de ses compagnons, le colonel Alphonse d'Ornano, devenu plus tard le favori de Henri IV, maréchal de France, et gouverneur de la Guienne !

X

La sage administration de Georges Doria n'était pas dans les idées de ses successeurs; le pays retombe bientôt sous la domination d'une république de marchands, la plus atroce de toutes les tyrannies (2).

(1) « Sampiero, ayant donné les plus éclatantes preuves de fermeté et de courage, a obtenu dans notre siècle très-belliqueux un des premiers rangs parmi les capitaines de l'Italie. Doué d'une grande intelligence et d'un génie pénétrant, il possédait deux qualités qui se trouvent rarement réunies, savoir : un esprit vif et élevé, et un jugement sain et solide. » (CASONI.)

« Sampietro est plus qu'un simple individu, c'est le caractère d'une nation personnifiée. » (POMPEÏ.)

(2) « Sous la domination génoise, la Corse n'offre qu'un mélange des passions les plus sauvages et de la corruption profonde des sociétés en dissolution. »

« On vendit la justice ; on acheta le sacerdoce à beaux deniers comptants ; on ne connut d'autre droit que celui du plus fort, du plus riche. »

A l'iniquité du gouvernement génois, vinrent se joindre d'autres maux (1569 à 1700) : la famine, qui réduisit les habitants à se nourrir de glands et de racines sauvages ; la peste, qui ravagea l'île en 1630 ; les descentes redoutables des Barbaresques, qui forcèrent les paysans à quitter la plaine pour se réfugier dans les montagnes.

XI

L'orage grondait sourdement, l'horizon se rembrunissait, lorsqu'une étincelle vint allumer la foudre et déchaîner la tempête (1).

En 1729, la lutte recommence longue et sublime, et ce pauvre peuple, que ses oppresseurs croyaient avoir dépouillé de son énergie comme de ses richesses, de ses vertus comme de sa liberté, soutint héroïquement un combat disproportionné, où les rois de l'Europe n'eurent pas honte de se ranger du parti de l'oppression et de l'iniquité.

Pompiliani da Poggio, chef provisoire des insurgés, déclare qu'ils ont pris les armes « pour obtenir la réhabilitation de la patrie, et la suppression des impôts

(1) Un pauvre vieillard, Cardone, resté seul au couvent de Bozio, se vit refuser par le collecteur des impôts, une pièce de 2 liards, *moneta da otto*, la seule qui lui restât. Comme on le menace de vendre ses guenilles, il excite l'indignation générale, et prêche la révolte.

arbitraires, » et dans la consulte générale de Saint-Pancrace de Furiani, la guerre aux Génois est décidée d'une voix unanime.

André Ceccaldi de Casinca et don Louis Giafferi de Talasani, qui avaient fait partie, sous le gouverneur génois Félix Pinelli, du collége des Douze, sont nommés généraux de la nation, et investis d'un pouvoir absolu (consulte de Corté, 9 février 1731).

L'île entière court aux armes : « Allez et combattez, disaient les moines, vous ne demandez que la justice, et les hommes la doivent aux hommes, s'ils veulent l'obtenir de Dieu ! »

Cette campagne héroïque a été justement appelée l'Iliade de la Corse. A côté des mâles figures de Ceccaldi, de Giafferi, d'Aïtelli, viennent se placer les nobles caractères d'Hyacinthe Paoli et de Gaffori. Tous rivalisèrent de zèle, d'abnégation, et de dévouement, pour le service de la patrie.

Le courage ne manquait pas aux Corses, mais, bien qu'ils eussent fondu toutes les cloches, les armes et les munitions commençaient à manquer.

La république de Gênes rendait le blocus de l'île d'autant plus rigoureux, que ses meilleures troupes, commandées par Pinelli, Imperiale et Rivarola, avaient été successivement battues dans toutes les rencontres.

XII

Ici vient se placer un épisode qui tient du burlesque, je veux dire la royauté éphémère de Théodore.

Théodore Antoine, baron de Neuhoff, gentilhomme westphalien, ancien page de la duchesse d'Orléans, après avoir parcouru l'Europe, moins en touriste qu'en aventurier, se présente à Aleria, avec un navire anglais, le 25 mars 1736. S'étant mis, à Gênes, en relation avec quelques seigneurs corses qui gémissaient dans l'exil, il leur avait promis *d'obtenir des princes, avec lesquels il était dans d'excellents rapports, des secours de toute espèce pour chasser les Génois de l'île dans un très-bref délai.*

Sa physionomie mâle, son costume semi-oriental excitent d'abord la curiosité. Reçu par Xavier Matra et les chefs de la nation, avec la déférence due à un monarque, il s'installe en prince au château de Cervione.

Le 15 avril, une assemblée générale convoquée au couvent d'Alesani, délibère sur les affaires présentes, et discute la constitution du royaume. Le baron de Neuhoff signe la constitution, et jure sur les Évangiles de lui être fidèle. Les généraux placent alors sur sa tête une couronne de chêne et de laurier, et le proclament, aux acclamations de la foule, roi de Corse, sous le nom de Théodore Ier.

Voici l'organisation militaire et civile du nouveau royaume.

Capitaines généraux et premiers ministres d'État, les *comtes* don Louis Giafferi et Hyacinthe Paoli.

Grand maréchal du palais, le *marquis* Xavier Matra.

Lieutenant-général et gouverneur de la Balagne, le *comte* Giabiconi.

Capitaine de la garde royale, Simon Fabiani.

Lieutenant général commandant la pieve de Talcini, Ignace Arrighi de Cortè.

Lieutenant général commandant la pieve de Rostino, J.-J. Castineta.

Grand chancelier et garde des sceaux, l'avocat *comte* Costa.

Secrétaire du cabinet, le docteur Gaffori de Cortè.

Les troupes de Théodore remportent quelques succès sur les Génois qui se renfermaient dans les seules villes du littoral.

A Sartène, le roi crée son ordre de chevalerie de la *Délivrance* !

Il bat monnaie, et sa monnaie portant d'un côté les armes de la Corse (tête de Maure), de l'autre l'image de la Vierge (*monstra te esse matrem*), se paya plus tard sur le continent trente fois sa valeur !

Au mois de novembre, Théodore convoque à Sartène une assemblée de ses principaux fonctionnaires, et, après leur avoir exposé la nécessité de se rendre, en personne, sur le continent pour accélérer, l'arrivée des *secours promis*, il institue un conseil de régence et débarque à Livourne déguisé en abbé ; il court à Florence, à Rome, à Naples, à Amsterdam, demandant des secours pécuniaires, des munitions.

La Hollande seule lui fait quelques avances, mais, comme, dans ces entrefaites, les Français avaient débarqué en Corse (février 1738), le roi Théodore, en se présentant à Aleria, ne trouva plus ni partisans, ni garde royale, et dut abandonner pour toujours sa royauté de quelques mois.

Plus tard, on retrouve à Londres l'infortuné baron; son ami Horace Walpole, qui avait payé ses dettes, fit inscrire sur son tombeau l'épitaphe suivante :

Le destin lui donna un trône et lui refusa du pain!

XIII

Afin de conserver, dans ce qui me reste à raconter de l'histoire de la Corse, le calme et l'impartialité nécessaires, j'emprunterai à M. Henri Martin les pages où sont relatés les événements importants qui ont signalé cette période de 58 années (1738 à 1796).

Il y eut, dans cette lutte inégale, des victoires sanglantes, des traits de courage antique, dignes de l'admiration de la postérité.

« La France opéra par les armes (1738) dans un autre débat, une intervention qui devait avoir de grandes suites.

« La tyrannie exercée par les Génois sur leurs sujets corses, qu'ils excluaient de tous les emplois et qu'ils exploitaient par la plus dure fiscalité, avait, de tout temps, excité de fréquentes révoltes qui eussent infailliblement renversé la domination génoise si les Corses eussent été capables de s'entendre...

« En 1730, les Corses s'étaient adressés à la France, et avaient offert de reconnaître le protectorat ou même la souveraineté de Louis XV. Fleury avait refusé.

« Par le traité de Versailles (27 juillet 1737), la France promit à Gênes d'intervenir en Corse et de fournir un corps de troupes auxiliaires moyennant un subside.

« Les Corses trouvèrent bien dur que la puissance à laquelle ils s'étaient offerts, prêtât la main à leurs tyrans pour les accabler (février 1738). A la vérité, une amnistie avec des priviléges assez étendus fut d'abord publiée, mais les Corses devaient remettre leurs armes aux Génois. Ils s'y refusèrent, et pendant une année entière, ils se défendirent avec héroïsme, de montagne en montagne, de maquis en maquis, contre dix mille Français.

« Les principaux chefs, abattus par la disette plus que par les armes, consentirent enfin à s'exiler par une capitulation, et la paix fut rétablie dans l'île vers l'automne de 1739. Les Français repartirent dans le courant de 1740.

« Il résulta de ce départ, fort inopportun en toute manière, que les Génois transgressèrent le pacte de 1738 tout comme celui de 1732, et que les Corses, comprimés et non résignés, eurent bientôt de nouveaux griefs à venger. »

XIV

« La Corse était, depuis quelques années, presque entièrement affranchie. Un grand homme d'État, Pascal Paoli, avait fait surgir l'ordre, la discipline, un gouvernement régulier, du sein de cette anarchie éternelle. Après des luttes aussi obstinées contre ses compatriotes que contre l'étranger, il était parvenu à dompter, à diriger avec persévérance vers la guerre nationale la farouche énergie que les Corses ont coutume de dépenser dans les guerres de famille. Établi au centre de la Corse, à Cortè, il dominait sur l'île entière, à l'exception de quelques places maritimes. Les Français avaient occupé trois de ces places en 1756, sans intervenir dans les hostilités entre Génois et Corses, et sans se départir du caractère de médiateurs qu'ils avaient pris en 1751 ; mais ils s'étaient retirés au bout de deux ans, et Gênes avait dû reconnaître non-seulement l'impossibilité de soumettre les rebelles par ses propres forces, mais l'extrême difficulté de conserver ses derniers postes. Gênes pria les Français de revenir, en 1764, à peu près aux mêmes conditions qu'auparavant, et leur remit la garde d'Ajaccio, de Calvi, de Bastia et de San Fiorenzo. On recommença de négocier. Les Corses envoyèrent à Versailles le colonel Buttafuoco, pour demander qu'on reconnût l'indépendance de leur république, moyennant un tribut équivalent à ce que la Corse produisait autrefois à Gênes. Le profit n'avait jamais dépassé 40,000 francs pour Gênes, à cause des frais de garnison.

« Buttafuoco fit en même temps une autre démarche, qui attestait à quel point les conceptions idéales des philosophes commençaient à pénétrer dans la vie réelle.

« Il demanda un projet de constitution à Jean-Jacques Rousseau, qui était encore en Suisse, et l'invita à se rendre en Corse, au nom du gouvernement auquel présidait Paoli. L'admiration exprimée par Rousseau, dans une note du *Contrat social*, pour la patriotique constance des Corses, lui avait fait des disciples dévoués parmi les chefs lettrés de ces barbares héroïques. Rousseau avait prédit que la Corse était destinée à étonner le monde : la prophétie se réalisa, mais autrement que ne l'avait entendu le prophète. L'enfant corse, qui devait étonner le monde, allait bientôt naître sur le rocher d'Ajaccio (le 15 août 1769). Si Rousseau s'était décidé à passer en Corse, il aurait eu la douleur d'y voir consommer l'oppression de ses amis. Le cabinet de Versailles montra peu de loyauté envers les Corses. Il les berça de vaines espérances et laissa arriver les choses jusqu'au point où les Génois, perdant tout espoir de jamais reconquérir l'île, ne voulant point abaisser leur orgueil jusqu'à subir l'indépendance de leurs anciens sujets, et ne pouvant s'acquitter des dettes qu'ils avaient contractées envers la France, proposèrent eux-mêmes à Louis XV la cession des droits de leur république. Le 15 mai 1768, un traité, signé à Versailles, autorisa le roi de France à exercer tous les droits de souveraineté sur toutes les places et ports de la Corse, comme nantissement de ses créances sur la république de Gênes. La cession était déguisée sous cette forme de nantissement, afin de pallier l'agrandissement de la France aux yeux de sa rivale l'Angleterre, et même de sa jalouse alliée l'Autriche. La France, par article séparé, donnait à Gênes une indemnité de deux millions.

« Les Corses apprirent avec une profonde indignation le prix qu'on réservait à tant d'efforts et de courage.

« Malgré l'immense disproportion des forces, ils résolurent de défendre jusqu'au bout leur liberté. Paoli espérait que les Anglais, qui l'avaient toujours encouragé, ne verraient pas tranquillement la France se saisir d'une position aussi considérable dans la Méditerranée. Aux premiers mouvements que firent les garnisons françaises pour s'étendre dans l'intérieur et assurer les communications entre les places qu'elles occupaient, Paoli essaya bravement de leur barrer le passage. Il ne put se maintenir sur l'étroite péninsule du cap Corse, qui forme la pointe septentrionale de l'île, mais il occupa fortement la base de cette péninsule. Le lieutenant général de Chauvelin débarqua sur ces entrefaites avec quelques renforts, et fit publier dans l'île des lettres patentes du 5 août, par lesquelles le roi de France sommait ses nouveaux sujets de reconnaître sa souveraineté, à peine de rébellion. Le conseil général et suprême d'État de la Corse, répondit par une proclamation très-digne et très-touchante, où il déclarait que la nation corse ne se laisserait pas traiter comme un troupeau de moutons envoyé au marché (28 août).

« Les actes répondirent aux paroles : Chauvelin, après un léger avantage aux bords du Nebbio, voulut poursuivre Paoli au delà du Golo avec des forces insuffisantes : les Français, déployés sur un trop grand espace, furent assaillis impétueusement par une levée en masse, qui les rejeta jusque sous le canon de Bastia, avec perte de mille ou douze cents hommes (septembre-octobre) ; il fallut, au printemps de 1769, envoyer toute une armée, sous un nouveau commandant en chef, le comte de Vaux. Cet officier général, disposant de quarante-deux bataillons et de quatre légions (corps légers, mi-partie d'infanterie et de cavalerie), fit un plan de campagne qui enveloppait l'île entière.

« Paoli était hors d'état de se soutenir contre une attaque aussi formidable. Un héroïque combat, au pont du Golo, fut le dernier soupir de la liberté corse. Cortè, siége du gouvernement, dut capituler. Il n'eût pas été impossible de perpétuer une guerre de partisans dans les maquis et dans les montagnes ; mais l'éternel fléau de la Corse, la division, renaissait avec les revers ; Paoli, abandonné de la plupart des siens, et plus propre, d'ailleurs, à diriger un gouvernement régulier qu'à jouer le rôle d'un chef de guérillas, s'embarqua à Porto-Vecchio, sur un vaisseau anglais, avec l'élite de ses amis (13 juin 1769). L'Angleterre, qui ne lui avait fourni d'autre secours que des munitions, des armes et quelques volontaires, lui offrit du moins un honorable asile (1).

« Les Français usèrent avec assez de modération d'une victoire peu glorieuse. Le général de Vaux, et, après lui, le gouverneur Marbeuf, tâchèrent de réconcilier les Corses à la domination française, en leur montrant de la bienveillance et de l'équité. Une amnistie, des chemins construits par les troupes, des établissements utiles, des encouragements à l'agriculture et au commerce, le maintien du régime municipal des podestats, la conception d'États provinciaux sous le titre de consulte générale, signalèrent cette politique conciliante. La première consulte générale, convoquée à Bastia, le 15 août 1770, prêta serment au roi de France ; néanmoins, des meurtres, des brigandages, des révoltes partielles, étouffées dans le sang, souvent renaissantes, ne cessèrent de protester contre la conquête. Les améliorations matérielles dues aux nouveaux maîtres étaient, d'ailleurs, trop compensées par les abus de l'administration et de la fiscalité françaises. On peut dire que

(1) Paoli mourut fort vieux à Londres, et son modeste tombeau s'élève sous les voûtes de l'abbaye de Westminster.

« Les maux que nous avait faits Paoli (disait Napoléon à Sainte-Hélène), n'avaient pu me détacher de lui, je l'aimais, je le regrettais toujours... chacune de mes victoires lui donnait le transport... Il célébrait, exaltait mes succès. »

Cet enthousiasme ayant déplu au chef de l'État, le vieux patriote répondit noblement :

« Vos reproches sont justes, mais Napoléon est un des miens ; je l'ai vu croître, je lui ai prédit sa fortune. Voulez-vous que je déteste sa gloire, que je déshérite mon pays de l'honneur qu'il lui fait ? »

(*Mémorial.*)

l'acquisition de la Corse ne se légitima qu'en 89, lorsque les Corses devinrent citoyens libres d'une nation libre et ratifièrent solennellement leur réunion à la France, ratification confirmée d'une façon plus éclatante encore en 1796, lorsque les Corses, après avoir été séparés de la France par les événements de la guerre révolutionnaire et par l'influence de leur héros Paoli, rejetèrent le joug anglais et revinrent spontanément à la France, sous l'influence d'un autre héros corse, devenu le vainqueur de l'Autriche, en attendant qu'il fût le dominateur de l'Europe (1).

« La conquête de la Corse devait être la dernière extension territoriale de l'ancienne France. »

XV

Avant de terminer cette esquisse historique, je recommanderais volontiers à l'un des jeunes écrivains de la Corse, l'*Histoire des relations* entre Napoléon et les compagnons d'armes, ses compatriotes. Il trouverait de précieux documents dans la correspondance de Napoléon Ier, cet éclatant hommage rendu à l'Empereur et aux hommes qui l'ont servi avec dévouement, et qui ont droit à notre sympathie.

(1) La Corse venait d'être affranchie par ses soins (général Bonaparte); il avait réuni les principaux réfugiés à Livourne, leur avait donné des armes et des officiers, et les avait jetés hardiment dans l'île pour seconder la rébellion des habitants contre les Anglais. L'expédition réussit; sa patrie était délivrée du joug anglais, et la Méditerranée allait bientôt l'être. (THIERS.)

Je ne puis résister au plaisir de citer quelques dates, quelques faits, et quelques noms, en parcourant sommairement les dix premiers volumes.

Vol. I. 1796. — Lettres datées de Carrare, de Chevasco et de Lodi, à l'adjudant général Franceschi, aux généraux de brigade Fiorella et Cervoni.

21 mai 1796. — Ordre au commandant Bonelli, de se rendre en Corse pour se mettre à la tête des patriotes : « *Quelle gloire pour eux, s'ils peuvent seuls chasser de la patrie ces orgueilleux Anglais!* »

Vol. II. — Instructions au général Gentili pour l'expédition de la Corse.

Le citoyen Saliceti, commissaire du gouvernement, les généraux Casabianca, Galleazzini, Cervoni et Casalta serviront sous ses ordres.

Vol. III. Mai 1797. — Mission au général Gentili, pour se rendre à Venise, et de là à Corfou, afin de s'emparer de tous les établissements vénitiens du Levant.

16 juin 1797, à Berthier. « Vous donnerez le commandement de Cômo au chef de bataillon Arrighi. »

Vol. IV. Avril 1798. — Expédition d'Égypte. « Un convoi partira d'Ajaccio le 30 germinal; le général Casalta commandera l'une des brigades de la division Ménard.

« Le citoyen Casabianca (mort glorieusement à Aboukir), sera capitaine de pavillon du vice-amiral Brueys. »

A bord de l'*Orient*, le général Bonaparte décrète l'organisation d'un corps de chasseurs d'infanterie légère. « Antoine Cauro, Bonelli et Hughes Peretti, commanderont les bataillons du Liamone, et se rendront à Porto-Vecchio pour attendre les ordres. »

Vol. V. — Au retour d'Égypte, Gantheaume, avec la *Muiron* et la *Carrère*, relâche à Ajaccio. Au moment du départ, Napoléon fit préparer une gondole avec de bons rameurs du pays, qui fut amarrée à la *Muiron*, afin d'échapper à l'ennemi, en cas de rencontre.

Vol. VI. Janvier 1800. — Ordre au général de division Cervoni, de se rendre en Corse pour y former six bataillons-instruction à Saliceti, pour l'expédition contre la Sardaigne. « *Les consuls de la république comptent spécialement, pour le succès de cette entreprise, sur les talents militaires du général Cervoni et sur l'activité du citoyen Saliceti.* »

Novembre 1800, au citoyen Miot, conseiller d'État : — « *Vous vous embarquerez pour Ajaccio, vous proclamerez la mise hors la constitution de la Corse.*

« L'on ne reviendra de l'expédition que lorsqu'on aura pris les *rebelles*, ou qu'on les aura forcés de quitter l'île. »

Vol. VII. Avril 1801. — « Toute l'activité du général Murat se portera à occuper l'île d'Elbe, le commandant de Bastia fournira à cet effet un *bon bataillon* de la 23me. »

Vol. VIII. Septembre 1802. — Instructions détaillées au citoyen Sébastiani pour se rendre à Tripoli, chargé auprès du bey d'une mission tendant à faire reconnaître le pavillon de la République italienne.

« De Tripoli, il ira à Alexandrie, au grand Caire, à

Jaffa : *il dira partout beaucoup de bien de la Porte, et ne se compromettra en aucun propos.* »

Novembre 1802. Expédition de Saint-Domingue. — « Un vaisseau se rendra à Ajaccio, pour y embarquer un bataillon de la demi-brigade helvétique. — L'aide-de-camp Ornano rejoindra le général Leclerc. »

Vol. IX. Mars 1804. Camp de Boulogne. — Ordre au général Morand d'envoyer à Ambleteuse la compagnie franche du Liamone.

Vol. X. Septembre 1805. Au prince Eugène. — « La légion corse manque d'habits ; *les habiller n'importe comment ; c'est une excellente réserve.* »

Mars 1815. A Decrès. — « Envoyer la *Pomone* et la *Muiron* à Ajaccio pour ramener trois cents conscrits du pays. *Cela a l'avantage d'amener de bons soldats, et d'ôter des fainéants qui ôteront la tentation aux recruteurs anglais.* »

Avril 1805. — Ordre au général Morand de faire passer à Livourne 5 bataillons de chasseurs corses commandés par de Giovanni pour garder la ville. « Ils auront les habits du royal corse ; c'est une *mission de confiance !* »

CHAPITRE V.

ARCHÉOLOGIE.

> Pauvres, sans enthousiasme religieux, exploités par des gouverneurs avides, les Corses ne purent jamais cultiver les arts... Pour produire des monuments, il eût fallu et le zèle religieux des peuples, et les richesses du clergé, et le faste des seigneurs.
>
> (Mérimée.)

Quelle douce satisfaction pour un esprit cultivé, que de remonter à l'histoire du passé, en suivant à travers les âges les traces des monuments élevés par nos pères, traces disséminées sur la surface du sol, ou enfouies dans le sein de la terre !

Indépendamment d'un attrait de curiosité, ces recherches nous offrent la possibilité de mieux déterminer l'origine des premiers peuples implantés dans la contrée.

Pour rendre plus précise l'exposition sommaire des recherches archéologiques, dont la Corse a été l'objet, je la diviserai en quatre groupes ou périodes :

A. Avant l'ère chrétienne. — B. Domination romaine. — C. Moyen age. — D. Temps modernes.

A. — « Lorsque les Phocéens furent arrivés à Cyrnos, dit Hérodote, ils élevèrent des temples, et demeurèrent cinquante ans avec les colons qui les avaient précédés. »

Malheureusement, il n'existe plus aujourd'hui ni indices de temples, ni vestiges de monuments phéniciens ; si donc l'on admet que les hardis navigateurs des nations méditerranéennes d'alors, les Phéniciens, les Pélasges, les Tyrrhéniens, les Argonautes et les Phocéens, ont occupé l'île, il faut en conclure que leur domination n'a été que temporaire, et qu'elle ne leur a pas permis de répandre dans Cyrnos les premières clartés de la civilisation orientale.

Pendant que la plus profonde obscurité environne l'idée de cette provenance asiatique, on retrouve un ensemble de probabilités pour admettre l'hypothèse d'une origine celtique.

1° Les Dolmens et les Men'hirs, découverts sur plusieurs points de la Corse, reportent la pensée vers ces monuments de pierres, que l'on rencontre en Bretagne, et qui démontrent l'existence du druidisme, ce premier progrès sur les religions primitives de la Gaule.

2° Il est resté dans l'idiome du pays des mots d'origine germanique : l'affirmation, par exemple, le oui, *ye* des Corses, ne ressemble en rien au *si* des Italiens, tandis qu'elle se rapproche du *yes* des Anglais, du *ya* des Allemands.

3° Les mœurs des Corses ont beaucoup de points de ressemblance avec celles des Germains, si brillamment décrites par Tacite : l'ouvrage intéressant de Pompéi, contient à ce sujet un parallèle des plus animés et des plus saisissants !

Les Dolmens sont connus en Corse sous le nom de *Stazzone* (forges), et les Men'hirs sous celui de *Stantare*.

Le plus important de ces monuments et le mieux conservé, est la *Stazzona del Diavolo* (huit pierres verticales et une pierre horizontale formant le toit) dans l'arrondissement de Sartène, entre Tizzano et le mont de Cagna.

A peu de distance dans la vallée, et sur une ligne parallèle à l'axe du Dolmen, s'élèvent neuf Men'hirs ou Stantare.

Les historiens ont attribué aux Maures la construction d'anciennes mosquées transformées plus tard en églises, et c'est à cette époque qu'ils font remonter celles de Sainte-Marie de Lota, de Sainte-Christine de Cervione, de Saint-Jean d'Ajaccio.

La cathédrale de Saint-Jean, où vinrent pendant longtemps se faire consacrer les évêques d'Ajaccio, était située sur l'emplacement occupé par l'ancienne Urcinium ; on en retrouve les traces dans la vigne de Saint-Jean, entre la chapelle Sainte-Lucie et Castel-Vecchio, à gauche de la route qui conduit à Bastia.

Les derniers vestiges des tombeaux des rois maures décrits par les chroniqueurs, ont disparu (construits en voûte et soutenus par des colonnes de pierre) ; mais on a découvert, dans les caveaux de l'église, des urnes funéraires (grandes jarres en terre cuite, d'un rouge vif, de forme ovale, contenant chacune un squelette et une clef).

M. Pugliesi a mis au jour au même endroit une petite voûte de briques, au-dessous de laquelle étaient deux jarres ou urnes placées verticalement, et ne présentant aucune ouverture ; de moindre dimension, elles renfermaient la tête d'enfants en bas âge, des cendres, des franges d'or ou d'argent.

Des vases étrusques, qui ont servi d'urnes funéraires, ont été découverts à Sacratico, près l'île Rousse. Ils étaient disposés en lignes parallèles, et placés horizontalement, la bouche tournée vers l'ouest.

L'on a voulu faire remonter aux Sarrasins, la construction des petites tours qui s'élèvent de toutes parts sur les rivages de l'île, mais je démontrerai plus bas, que ces télégraphes avaient été bâtis, précisément comme un moyen de défense contre leurs redoutables excursions.

Le monument le plus caractéristique de la domination arabe, consiste dans la tête de Maure, qui a figuré de temps immémorial, dans les armoiries de la Corse.

Par quelle fatalité ne reste-t-il rien de ces mœurs brillantes, de ce culte du beau, qui avaient fait des Arabes la nation la plus galante de l'univers ?

B. — Il ne paraît pas que l'état de la Corse, sous les Romains, ait jamais été aussi florissant que l'ont prétendu quelques auteurs.

Si les trente-trois villes dont parlent Pline et Ptolémée avaient été riches et populeuses, on en rencontrerait des vestiges plus multipliés, et les débris de quelques-uns de leurs monuments auraient aisément bravé les ravages du temps, surtout sous un ciel aussi clément. Ce qu'il reste des ruines d'Aleria, de Mariana, de Sagone, des villes du Nebbio, ne justifie pas ce que l'on a dit de leur importance.

Sur la côte orientale, aux environs de Sari de Fiumorbo, on remarque quelques traces de l'ancienne voie romaine, la seule qui aurait existé dans l'île : elle partait de Mariana pour aboutir à Palla.

Cette route est décrite dans l'itinéraire, dit d'Antonin, qui ne fait mention que de trois points intermédiaires, Aleria, Prœsidium et Portus Favoni.

Des discussions se sont élevées sur la position géographique de Palla : la plus probable me paraît celle indiquée par Robiquet, vers le port de Tizzano, sur la côte sud-ouest, à 25 milles de Bonifacio.

Les ruines d'Aleria et de Mariana, les seules antiquités romaines de la Corse présentant quelque célébrité, démontrent, à l'évidence, que le peuple-roi n'avait pas doté les colonies de Marius et de Scylla des monuments d'utilité et de magnificence qu'il élevait partout sur le continent.

Voici l'énumération des débris rares et incertains d'Aleria :

1° Une maison prétoriale (caves voûtées et profondes assez bien conservées).

2° Un espèce de cirque (de forme elliptique, avec gradins en mauvais état, paraissant avoir convenu à une ville de 12 à 15,000 âmes).

3° Des traces de murs d'enceinte (les murs de la partie nord, vers le Tavignano, étaient bâtis sur les bords d'un escarpement et flanqués de tours très-rapprochées).

4° Un fossé (à la partie méridionale).

5° Les piles d'un pont qui traversait le Tagnone.

6° Un pavé de briques, ayant appartenu aux salines du lac d'Urbino.

7° De gros anneaux de fer, sur les bords de l'étang de Diana, le port présumé d'Aleria.

Que reste-t-il de la colonie de Marius? Rien, ou presque rien, car son ancienne cathédrale, la Canonica, au dire de quelques archéologues, serait tout simplement une église pisane.

Valcknaëer toutefois considère la Canonica comme un temple antique transformé en mosquée par les Maures, du ve au vi^e^ siècle.

Il est incontestable que toutes les constructions ne datent pas de la même époque. Cette ruine curieuse et pittoresque est située sur les bords de la mer, au milieu d'herbes et d'arbustes, avec toutes ses colonnes debout, ses lourds chapiteaux, le toit découvert, et des figures d'animaux sculptés à la façade : les dimensions du monument sont de 33 mètres de longueur sur 15 mètres de largeur, et 13 mètres de hauteur. Le fond est d'architecture gothique, tandis que les arcades, qui divisent l'intérieur en trois nefs, rappellent l'architecture grecque et dorique.

En face de l'église, se trouve un massif dans lequel sont pratiquées deux niches qui paraissent avoir appartenu à des fontaines.

On voit dans l'église de Vescovato un beau tabernacle en marbre, cité par Filippini, provenant des ruines de Mariana. C'est aussi dans ses environs que M. Ruffin a trouvé un petit groupe de bronze représentant une tortue sur le dos de laquelle un homme, agenouillé sur un seul genou, veut soulever avec peine un demi-cercle percé qui a dû contenir primitivement un globe.

Des médailles romaines ont été recueillies sur plusieurs points de la Corse. Celles de saint Jean d'Ajaccio remontaient aux premiers siècles de l'Empire.

Dans le golfe de Santa-Manza et à Piantarella (côté sud-est), au milieu de traces d'habitations, l'on a découvert un grand nombre de médailles en bronze d'Antonin le Pieux, de Marc Aurèle, de Septime Sévère, et une très-belle médaille en argent de Plautilia Augusta, épouse d'Antonin Caracalla, empereur en 201 : très-bien conservée, elle représente d'un côté la tête d'une jeune femme avec l'exergue *Plautilia Augusta,* de l'autre une Vénus debout avec l'exergue *Venus felix.* — Des monnaies romaines ont été trouvées à Corté en 1770, et près de Cargese dans un lieu appelé Menosena.

Les bas-reliefs sont très-rares ; quelques-uns sur pierres sépulcrales se voient à Sainte-Marie de Canari ; un autre en marbre, plus considérable par ses dimensions, existe à Piana dans l'ancienne pieve de Salogna ;

il représente une femme tenant une plume à la main ; l'inscription en est très-lisible.

Parmi les châteaux dont on fait remonter la construction à la période romaine, je citerai celui de Serravalle à 2 kilomètres de la route d'Aleria à Corté dans la vallée de Deza. C'est le manoir de l'île le plus vaste et le moins délabré ; on lui donne pour fondateurs les descendants d'Amando Nasica, pendant que l'un de ses compagnons élevait près d'Omessa le château de Supietra.

A Levie, dans l'arrondissement d'Ajaccio, se voient les ruines du château de Capola, séjour de Biancolacci, petit-fils du fabuleux Hugues Colonna.

Dans la vallée de Luri, sur le point le plus élevé du cap Corse, s'élève, au milieu d'une végétation sauvage, la tour dite de Sénèque, qui a appartenu dans le quinzième siècle aux seigneurs Da Mare.

C'est là que fut exilé pendant sept années l'illustre philosophe, pour ses rapports trop intimes avec Julie, fille de Germanicus ; il n'en sortit, rappelé par Agrippa, que pour élever Néron.

Dans ses consolations à Helvie, sa mère, Sénèque y calomnie la Corse et ses habitants ; les couleurs de ses pinceaux se ressentent trop des noires dispositions qu'avaient engendrées dans son âme la proscription et les mésaventures.

On appelle, dans la vallée, *Ortica di Seneca*, une espèce d'ortie dont les montagnards se seraient servis, d'après la légende, pour fustiger impitoyablement le philosophe trop épris des charmes d'une jeune villageoise.

Près de Piana, se voient quelques pans de murailles qui ont jadis appartenu au château de Giunepro, bâti par Rollandino, neveu de H. Colonna.

Dans l'amas de ruines qui jonchent la terre sur l'emplacement où s'élevait le château de Biguglia, l'on ne distingue plus que les deux petites buttes des citernes.

Non loin de là apparaît le mur d'enceinte de la vieille tour de la Murtola.

Le château de Biguglia, résidence des gouverneurs pisans et génois, avant la fondation de Bastia, fut enlevé à ces derniers par Vincentello d'Istria qui, pour prix de ses exploits, fut nommé, par la Consulte-générale, comte de Corse.

C. — M. Mérimée ne fait remonter qu'au onzième siècle la construction des principales églises de la Corse.

Celle de Sagone montre encore des murs construits en moellons avec voûte et terrasse; la sacristie se trouve dans le prolongement de la nef.

La cathédrale du Nebbio, d'architecture gothique, telle qu'elle devait être dans l'extrême décadence des beaux-arts, possède une cloche portant une inscription qui remonte au septième siècle.

L'église de Saint-Michel, à 1 kilomètre N.-E. de Murato, est bâtie, tant intérieurement qu'extérieurement, en pierres blanches et noires ; le portail est décoré de sculptures, représentant des animaux et des signes inconnus.

On voit dans le couvent de Nonza un beau maître-autel construit en marbre et trois statues assez bien conservées.

L'ancien couvent de Sainte-Catherine de Sisco se fait remarquer par une crypte ou chapelle souterraine où sont déposées des reliques venues de Jérusalem. — La légende raconte que le vaisseau qui les transportait, ayant été surpris par la tempête, en vue du *Promontorium sacrum*, le capitaine avait fait vœu de déposer sa précieuse caisse dans l'église la plus voisine du rivage où il aurait pu se réfugier.

Parmi les couvents élevés par les Franciscains, ces vaillants champions de la science et du patriotisme, l'on peut citer, comme étant encore les mieux conservés, celui de Venzolasca, bâti en pierres de taille avec son beau cortile et ses dix-huit colonnes, et celui de Morosaglia qui fut pendant longtemps la résidence d'été de Paoli.

Les châteaux des anciens seigneurs de la Corse ont été détruits en grande partie par leurs implacables ennemis, les Génois, qui auraient voulu effacer par là les souvenirs de leur nationalité, et cependant ces seigneurs étaient loin de posséder l'autorité oppressive des anciens barons de la féodalité ; c'étaient plutôt des chefs de clans commandant à des égaux et non à des serfs.

Il faut quelque constance et l'amour des souvenirs historiques pour se lancer aujourd'hui à leur recherche à travers des sentiers impraticables et d'inextricables makis.

Les ruines du château de Sambucuccio d'Alando sont au milieu de rochers escarpés et couverts en grande partie par des cabanes de paysans. C'est là que le célèbre plébéien, l'intrépide organisateur des Communes (1007), planta le drapeau de l'insurrection contre les seigneurs. — C'est là aussi que son illustre descendant proclamé vicaire du peuple en 1466 rédigea le Code (Droit public de l'Ile), qu'il proposa à la sanction de Galéas Marie Sforza, alors duc de Gênes. Ce curieux monument de la législation du quinzième siècle était admirable par la libéralité de ses vues et de ses garanties.

A 2 kilomètres de Murato, on voit encore la tour d'Achille Campocasso, l'un des célèbres caporaux, adversaires des barons, qui souleva et protégea le peuple contre les taxes illégales de la République de Gênes.

Après avoir traversé le Liamone, sur une éminence à l'embouchure de la Liscia, sont les faibles restes de la forteresse construite par Giudice, de la noble famille des comtes de Cinarca, nommé par les Pisans gouverneur de l'Ile en 1280. « Homme d'un grand caractère, juste, intègre, infatigable, » dit Filippini.

Après avoir tenu tête pendant cinquante ans aux Génois, Giudice, vieux et aveugle, leur fut livré par son bâtard Salnese, et mourut à quatre-vingt-onze ans, vulgairement enfermé dans la prison de la Malapaga.

A Foce d'Orto, dans les environs de Piana, l'on aperçoit les restes du fort, où Jean-Paul de Leca et ses complices enfermèrent leurs femmes et leurs richesses, afin d'être tout entiers à la patrie; le château historique, qui conserve encore sa citerne et son pont-levis, était situé à une demi-lieue de Vico, entre Arbori et le Liamone.

Jean-Paul de Leca, qui fut le premier et l'un des plus infatigables chefs de cette insurrection perpétuelle de la Corse contre Gênes, mourut à Rome, où il avait été implorer les secours de Léon X.

Par la route de Vico à Guagno, entre Musso et Boccasorro, s'élevait pittoresquement sur un mamelon de rochers le château de la Zurlina occupé en 1488 par Rinuccio de Leca.

Attiré à Vico, sur la fallacieuse parole de Filippino de Fiesco qui avait été avec lui gentilhomme du duc de Milan Sforza, Rinuccio fut arrêté, garrotté et conduit à Gênes, où il expira quelques jours après dans un cachot.

Roccatagliata, autre château de Rinuccio près de Sari, ne présente plus qu'un amas de rochers rouges au milieu de collines et de pics aigus, collines et pics couverts de pins et de chênes verts.

Sur la hauteur voisine d'Olmeto, au-dessus d'un énorme rocher, se dressait le château du comte Henri della Rocca.

Le gouvernement de ce chef loyal, généreux et intrépide, équitable, deux fois maître et seigneur de la Corse, est donné par Filippini comme l'âge d'or de l'Ile. — Le comte Henri périt empoisonné à Vizzavona en marchant contre les Génois.

La tour de Giudice della Rocca était perchée comme un nid d'aigle au-dessus de la montagne de la Serra. Le spectacle, dont on jouit sur la plate-forme, est tout à la fois horrible, majestueux et pittoresque.

En allant de Bonifacio à Portovecchio, près du hameau de Sota, l'on distingue les ruines du château de Campana, ancien manoir du tyran infâme et débauché Ors'Alamanno.

La chronique raconte comment un jeune Corse affranchit son pays de la servitude. Il se présenta au seigneur sur un beau cheval qu'il devait lui offrir, selon l'usage, pour le jour prochain de ses noces. Pendant qu'Ors'Alamanno considérait l'animal, le fiancé lui lança au cou une longue corde en forme de lacs, qu'il cachait derrière la selle, et, donnant de l'éperon, il entraîna au loin son nouveau gibier étranglé par le nœud coulant.

On peut visiter, sur la haute montagne voisine de Sullacaro, les dernières traces du château de Vincentello d'Istria, jeune héros du quinzième siècle dont le nom rappelle autant de gloire que de malheurs.

Vincentello, après avoir obtenu des secours du roi d'Aragon, s'était emparé de l'Ile et l'avait gouvernée avec le titre de vice-roi.

Attaqué à la suite d'une tempête par les galères de

la République, il fut fait prisonnier, transporté à Gênes et décapité.

Entre les villages d'Eccica et de Suarella, près du torrent, s'aperçoivent les ruines mêlées de chênes verts et d'oliviers du château del Giglio, où Sampiero avait passé la nuit la veille de son assassinat par Vittolo (17 janvier 1567). — A peu de distance de Sainte-Marie d'Ornano sont les ruines vénérées du château que l'illustre patriote, retiré momentanément des affaires, se fit bâtir en 1554, après que sa maison eut été complétement brûlée.

La construction des tours pittoresques qui, au nombre de plus de cinquante, se jalonnent le long du littoral de l'Ile, remonte au seizième siècle.

C'est sur les demandes et les plaintes des habitants, que les Génois avaient élevé ces tours protectrices. Certes, leur garnison de trois soldats et d'un caporal n'était pas de nature à les mettre à l'abri des spoliations des barbaresques; mais, à l'approche de l'ennemi, des feux étaient allumés au sommet de ces postes télégraphiques, et ces feux répétés par les gardiens des tours voisines faisaient ainsi circuler la nouvelle et hâter la défense.

D. — Parmi les souvenirs les plus intéressants de la période moderne, je citerai à Vescovato la maison de Filippini, l'historien le plus populaire de l'Ile; solidement bâtie et soigneusement conservée, elle forme un curieux modèle de la maison Corse du seizième siècle.

A Corté, la citadelle, siége du gouvernement de Paoli, conserve encore le fauteuil élevé sur lequel étaient brodées en or les armes de la Corse surmontées d'une couronne.

La maison Gaffori, criblée de balles et de boulets, rappelle deux actes d'héroïsme.

Pendant que Gaffori faisait le siége de la citadelle de Corté pour l'enlever aux Génois, ceux-ci placèrent son enfant sur la brèche, afin d'arrêter le feu des assaillants ; mais Gaffori le fit continuer, et bientôt la forteresse dut capituler.

C'est dans cette maison que se barricada pendant plusieurs jours Madame Gaffori ; elle résista aux attaques du dehors, menaçant de mettre le feu à un baril de poudre situé dans la salle basse, quand on parlait autour d'elle de se rendre.

Lorsque Gaffori fut indignement assassiné, moyennant l'or génois, par son infâme frère Antoine-François, cette femme héroïque mit à son jeune fils la chemise ensanglantée du père en lui disant : « Jure par la tête de ton père et la douleur de ta mère de ne jamais pardonner aux Génois. »

FIN.

TABLE DES MATIÈRES

PREMIÈRE PARTIE

STATION D'AJACCIO.

DEUXIÈME PARTIE

LA CORSE.

FIN DE LA TABLE

Corbeil, typogr. et stér. de Crété.

BOUDIN. **Traité de géographie et de statistique médicales, et des maladies endémiques**, comprenant la météorologie et le géologie médicales, les lois statistiques de la population et de la mortalité, la distribution géographique des maladies, et la pathologie comparée des races humaines, par le docteur J. CH. BOUDIN, médecin en chef de l'hôpital militaire Saint-Martin. Paris, 1857. 2 vol. gr. in-8, avec 9 cartes et tableaux.. 20 fr.

CARRIÈRE. **Le climat de l'Italie**, sous le rapport hygiénique et médical, par le docteur ED. CARRIÈRE. *Ouvrage couronné par l'Institut de France.* Paris, 1849. 1 vol. in-8 de 600 pages........... 7 fr. 50

Cet ouvrage est ainsi divisé : Du climat de l'Italie en général, topographie et géologie, les eaux, l'atmosphère, les vents, la température. — *Climatologie méridionale de l'Italie :* Salerne (Caprée), Massa, Sorrente, Castellamare, Resina (Portici), rive orientale du golfe de Naples, climat de Naples; rive septentrionale du golfe de Naples (Pouzzoles et Baïa, Ischia), golfe de Gaëte. — *Climatologie de la région moyenne de l'Italie :* Marais-Pontins et Maremmes de la Toscane : climat de Rome, de Sienne, de Pise, de Florence. — *Climat de la région septentrionale de l'Italie :* climat du lac Majeur et de Côme, de Milan, de Venise, de Gênes, de Mantoue et de Monaco, de Nice, d'Hyères, etc.

École de Salerne (l'). Traduction en vers français, par CH. MEAUX-SAINT-MARC, avec le texte latin en regard (1870 vers), précédée d'une introduction par M. le docteur Ch. Daremberg. — **De la sobriété**, conseils pour vivre longtemps, par L. CORNARO; traduction nouvelle. Paris, 1861. 1 joli volume in-18 jésus de LXXII-344 pages, avec 5 vignettes.. 3 fr. 50

GIGOT-SUARD. **Des climats sous le rapport hygiénique et médical.** Guide pratique dans les régions du globe les plus propices à la guérison des maladies chroniques : France, Suisse, Italie, Algérie, Égypte, Espagne, Portugal, par le docteur L. GIGOT-SUARD, médecin consultant aux eaux de Cauterets. Paris, 1862. In-18 jésus, XXI-607 pages avec 1 planche lithographiée.............................. 5 fr.

LACAZE DU THIERS. **Histoire naturelle du corail**, comprenant son organisation, sa reproduction, son développement et sa pêche, par M. H. DE LACAZE DU THIERS, professeur à la Faculté des sciences de Lille. Paris, 1864. Grand in-8, d'environ 400 pages, avec 20 planches gravées et coloriées.

MAYER. **Des rapports conjugaux**, considérés sous le triple point de vue de la population, de la santé et de la morale publique, par le docteur ALEX. MAYER, médecin de l'inspection générale de salubrité et de l'hospice impérial des Quinze-Vingts. *Quatrième édition* entièrement refondue. Paris, 1860. In-18 jésus de 422 pages....... 3 fr.

QUATREFAGES. **Physiologie comparée. Métamorphoses de l'homme et des animaux**, par A. DE QUATREFAGES, membre de l'Institut, professeur au Muséum d'histoire naturelle. Paris, 1862. In-18 de 324 pages.. 3 fr. 50

RENOUARD. **Lettres philosophiques et historiques sur la médecine au XIXe siècle**, par le Dr P. V. RENOUARD. *Troisième édition*, corrigée et considérablement augmentée. Paris, 1861. In-8 de 240 pages.. 3 fr. 50

REVEILLÉ-PARISE. **Traité de la vieillesse**, hygiénique, médical et philosophique, ou Recherches sur l'état physiologique, les facultés morales, les maladies de l'âge avancé, et sur les moyens les plus sûrs, les mieux expérimentés, de soutenir et de prolonger l'activité vitale à cette époque de l'existence, par J. H. RÉVEILLÉ-PARISE, membre de l'Académie de médecine, etc. Paris, 1853. 1 vol. in-8 de 500 pag. 7 fr.

« Peu de gens savent être vieux. » (LA ROCHEFOUCAULD.)

CORBEIL. — Typographie et stéréotypie de CRÉTÉ.

www.ingramcontent.com/pod-product-compliance
Ingram Content Group UK Ltd.
Pitfield, Milton Keynes, MK11 3LW, UK
UKHW031834260826
14628UKWH00001B/390

9 782013 376006